어느
아마추어
천문가
처럼

배창환 엮음

어느 아마추어 천문가처럼

김천여고 학생들의 창작 수필집

Humanist

머리말

　이 책에 수록된 수필은 대부분 아이들과 함께 교실에서 글쓰기 공부를 하는 가운데 나온 것이다. 우리 아이들의 창작 시집 《뜻밖의 선물》에 이어 나오는 이 창작 수필집은 아이들이 나와 또래 친구들에게 주는 또 하나의 귀한 '선물'인 셈이다.
　인문계 고등학생 학생들과 부족한 시간을 쪼개어 수필 쓰기 수업을 하면서 얻은 기쁨은 참으로 컸다. 글을 읽고 고치도록 지도하는 가운데 자연스럽게 아이들의 삶을 찬찬히 들여다보면서 진솔한 대화를 나눌 수 있었고, 세대를 넘어 서로 소통해 나가는 소중한 기회를 갖게 됐기 때문이다. 꽉 짜인 일과 속에서 힘들게 고교 시절을 보내는 우리 아이들의 내면과 진솔하게 만날 수 있는 기회는 결코 흔하지 않을 것이기에 더욱 그러했다.
　나는 아이들에게 수필 쓰는 방법을 특별히 따로 가르쳐 주지 않았다. 오히려 아이들의 글을 통해 내가 더 많이 배웠고, 아이들이 보여 준 창의력과 순발력에 깜짝깜짝 놀란 것이 한두 번이 아니었다. 삶에서 길어 올린 반짝이는 감수성과 유려한 문장들이 내 눈을 번쩍 뜨이게 해 주었고 나를 크게 감동시켰다. 어떤 글은 읽을 때마다 나를 울렸고 지금도 가슴 뭉클하게 하고 있다.

  한 편의 글이 사람을 울리기 위해서는 먼저 자신을 울리지 않고서는 불가능하다는 것을 잘 아는 나로서는, 아이들의 가슴을 잔잔히 흔들며 울리고 나왔을 이 글들을 사랑하지 않을 수 없었고, 글을 쓴 아이들을 더욱 사랑하지 않을 수 없었다. 그 감동이, 이 글들을 한 권의 수필집으로 묶어 많은 친구들의 품으로 돌아가게 하는 동력이 되었다.

  이 글들은 대부분 수업과 평가를 통해서 나온 것이다. 아이들은 이런저런 백일장에서도 숨은 능력을 발휘하곤 했지만, 막상 작품을 열어 보면 두세 시간 만에 쓴 데다 글감 또한 스스로 선택한 것이 아니라 내용이 빈약하고 엉성한 글이 많았다. 따라서 여기에 수록된 48편의 글 가운데 서너 편만이 백일장에서 쓴 글이고, 그것도 나중에 다시 시간을 갖고 수정하여 완성하게 했다.

  아이들이 시간을 갖고 정신을 집중하여 글쓰기를 한다면, 그리고 평소에 글 읽기를 좋아하고 자신의 삶에 대해 명상하면서 정리하는 습관을 가진다면, 누구나 좋은 글을 쓸 수 있다는 것을 나는 알게 되었다. 지극히 당연한 이야기겠지만, 그것이 아이들의 수필 쓰기를 지도하면서 얻은 나의 작은 결론이다.

 김천여고에 와서 처음에는 시 읽기와 쓰기 등을 주로 하다가, 수필 쓰기를 수행평가에 포함시키고 학생들에게 본격적으로 쓰게 한 것은 2, 3년이 지난 다음이었다. 내가 과문(寡聞)한 탓이었겠지만, 학생들에게 읽힐 만한 모범적인 학생 수필을 찾아보기 어려웠던 것이 중요한 이유였다. 그러다 학생들로부터 몇 편의 좋은 수필을 얻게 되고, 시 쓰기를 통해 아이들의 삶에 밀착된 언어 감성을 확신하면서, 수필 쪽으로 자연스럽게 관심을 이어 갈 수 있게 되었고, 수필 읽기와 쓰기를 시도할 수 있었다.

 이 글들이 세상에 처음 나오게 되었을 때의 기쁨은 시간이 한참 지난 지금에도 조금도 줄지 않았다. 여기 글이 실린 아이들의 기쁨은 세월이 아무리 흘러도 줄어들지 않을 것이다. 이 글들을 읽다 보면 이 글을 쓰던 당시 아이들의 얼굴이 생생히 살아나, 마치 지금도 햇살이 따스히 찾아드는 그 남향 교실에서 아이들과 수업을 하고 있는 듯한 착각을 일으킨다.

　나는 이 책이 동시대를 살아가는 또래 친구들에게 따뜻한 위로와 기쁨을 전해 주고 내밀한 아픔을 어루만지면서 마음으로 소통하는 큰 마당이 될 수 있을 것으로 확신하고 있다. 이 글 속에는 이 시대를 살아가는 아이들만의 고통과 상처와 그것을 넘어서는 지혜와 사랑과 내일을 향한 꿈이 신선한 빛깔과 따뜻한 목소리로 담겨 전해 오기 때문이고, 진실은 언제 어디서나 통하게 마련이며 나누는 기쁨은 진정 큰 것이기 때문이다.

　이 책이 출판사의 사정으로 잠시 절판되었다가 다시 출판사를 바꾸어 새로운 옷을 입고 세상에 나오게 되어, 반갑고 다행스럽고 기쁘고 고맙기 그지없다.

2013년 봄
배창환

차례

머리말 • 4

 1부 작고 꼬질꼬질한 우리 엄마의 차

엄마의 김밥 김진옥 • 14
어느 아마추어 천문가처럼 채지혜 • 20
마음으로 이다은 • 25
작고 꼬질꼬질한 우리 엄마의 차 강재연 • 28
밤길 정다빈 • 32
바이올렛 이유선 • 37
가을의 길목에서 백장미 • 41
전자시계 조승현 • 44
그해 겨울 문소현 • 50
상주시 공성면 영오리 문소영 • 54

글쓰기의 지겨움

작은 이야기 이푸름 • 60

무료한 주말의 소중함 김명선 • 63

글쓰기의 지겨움 최윤숙 • 66

변검 마술사 최지현 • 72

잊었던 것들을 추억하며 손유라 • 76

동안(童顔) 주한별 • 80

거울 권미정 • 84

글쓰기에 대한 명상 최우정 • 88

하늘을 보며 이정현 • 93

 촌스러운 그대 이름은 '말자'

징소리 서효림 • 98

촌스러운 그대 이름은 '말자' 유경희 • 101

거인의 나라에 오신 것을 환영합니다 오은경 • 105

도레미송 박수진 • 110

세상에서 가장 아름다운 이별 강예리 • 117

나의 소리 이미정 • 121

시애틀의 잠 못 이루는 밤 윤명화 • 125

내 마음의 첫눈 이현정 • 129

자전거 여행 김선진 • 134

더 필요한 것

창밖의 이야기 남예진 • 140

라일락 향기의 시작 김예빈 • 144

사소한 것이 주는 행복 박지영 • 148

아름다운 눈동자 김예나 • 151

까만 마음 김지혜 • 154

우리들의 믿음 신혜연 • 158

더 필요한 것 백경원 • 162

다리 없는 아저씨 박소영 • 166

마음의 짐 송미진 • 170

아버지와 아이들 김정은 • 174

5부 그들이 사는 이야기

향수 김다윤 • 182

별나라 우리 집 김은지 • 186

비 오는 날 안지해 • 191

그들이 사는 이야기 김지현 • 194

아카시아 꽃 채희정 • 198

이름 없는 존재 김미연 • 201

여름 나기 이명정 • 204

부엉이를 부탁해 장은영 • 207

행복한 숙제 이소현 • 212

꽃과 술의 상관관계 이은실 • 216

마인드맵을 활용한 수필 창작 수업 배창환 • 220

1부
작고 꼬질꼬질한
우리 엄마의 차

김진옥 | 채지혜 | 이다은 | 강재연 | 정다빈
이유선 | 백장미 | 조승현 | 문소현 | 문소영

엄마의 김밥

김진옥

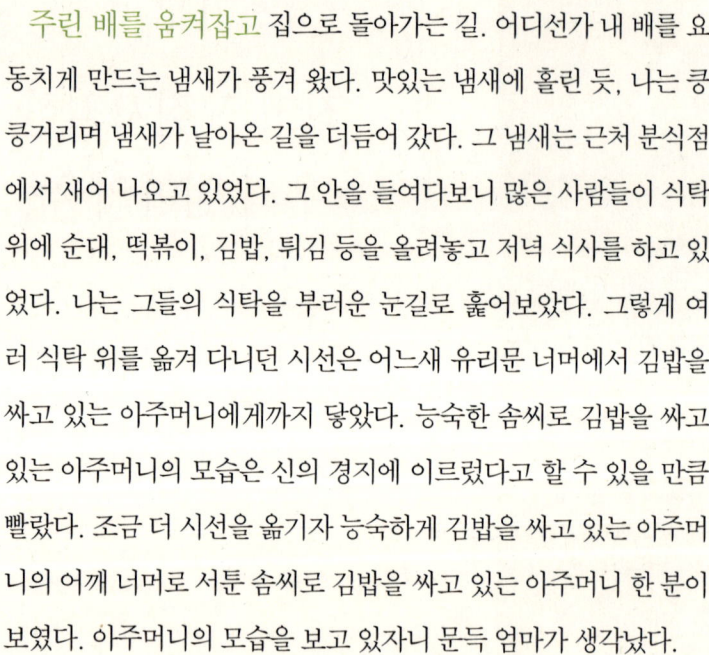

주린 배를 움켜잡고 집으로 돌아가는 길. 어디선가 내 배를 요동치게 만드는 냄새가 풍겨 왔다. 맛있는 냄새에 홀린 듯, 나는 킁킁거리며 냄새가 날아온 길을 더듬어 갔다. 그 냄새는 근처 분식점에서 새어 나오고 있었다. 그 안을 들여다보니 많은 사람들이 식탁 위에 순대, 떡볶이, 김밥, 튀김 등을 올려놓고 저녁 식사를 하고 있었다. 나는 그들의 식탁을 부러운 눈길로 훑어보았다. 그렇게 여러 식탁 위를 옮겨 다니던 시선은 어느새 유리문 너머에서 김밥을 싸고 있는 아주머니에게까지 닿았다. 능숙한 솜씨로 김밥을 싸고 있는 아주머니의 모습은 신의 경지에 이르렀다고 할 수 있을 만큼 빨랐다. 조금 더 시선을 옮기자 능숙하게 김밥을 싸고 있는 아주머니의 어깨 너머로 서툰 솜씨로 김밥을 싸고 있는 아주머니 한 분이 보였다. 아주머니의 모습을 보고 있자니 문득 엄마가 생각났다.

'엄마도 그때 저렇게 서툴게 김밥을 싸셨을 테지.'

다른 사람보다 느리지만 정성스럽게 김밥을 싸고 있는 아주머니의 모습 위로 엄마가 겹쳐 보였다.

　초등학생으로 가는 마지막 봄 소풍. 그래서인지 들떠서 늦게까지 잠을 설치던 나는 결국 늦잠을 잤다. 아침도 먹지 못하고 엄마가 챙겨 준 가방을 매고는 급히 집을 나섰다. 학교에 도착하자마자 조례 음악이 흘러나왔다. 국민 체조와 교장 선생님의 말씀이 끝나고, 드디어 학교를 출발해 소풍지로 향했다. 30분도 지나지 않아 소풍 장소인 동네 연못에 도착한 우리들은 소풍이면 빠지지 않는 수건돌리기와 보물찾기, 그리고 친구가 챙겨 온 콩 주머니로 오자미를 했다.

　그렇게 즐거웠던 오전이 가고 점심시간이 찾아왔다. 우리는 가방을 챙겨 들고 잔디밭으로 갔다. 아침부터 아무것도 먹지 못한 나는 누구보다도 이 시간을 기다리고 있었다. 친구들이 하나둘 자신들의 도시락 뚜껑을 열었다. 역시나 뚜껑 아래로 경쟁이라도 하듯 다채로운 김밥들이 모습을 드러냈다. 제각기 멋을 부린 김밥들. 나는 그 김밥들을 보며 약간 의기소침해졌지만 곧 어깨를 쫙 폈다. 이럴 줄 알고 이번에는 도시락에 신경 좀 써 달라고 소풍 며칠 전부터 엄마를 닦달했기 때문이다. 나는 가방에서 찾은 플라스틱 일회용 도시락과 나무젓가락을 보고 약간 불안한 생각이 들었지만 '설마…….' 하며 자신 있게 뚜껑을 열었다.

　그러나 그 '설마'가 현실이 되었다. 내가 그렇게 부탁을 드렸건만 이번에도 엄마는 네모난 김밥을 싸 주셨다. 노란 단무지, 햄, 맛살, 소시지 딱 이 네 가지 재료가 사각형 모양으로 들어 있는 김밥. 나는 누가 볼까 싶어 급히 뚜껑을 닫았다. 그때 친구가 다가와 김밥을 바꿔 먹자고 했다. 나는 놀라 친구를 보았다. 다른 친구들은 이미 서로 김밥을 바꿔 먹고 있었다. 그때 눈앞이 깜깜하다는 게 무슨 의미인지 처음 알았다. 도무지 이 상황을 피할 길이 없었기 때문이다. 친구가 재차 바꿔 먹자고 말했다. 난 어쩔 줄 몰라 하면서도 절대 도시락 뚜껑을 열지 않았다.

　내 이상한 행동에 친구들이 모여들었고, 그중 누군가가 내 도시락 뚜껑을 빼앗았다. 사라진 뚜껑 아래로 김밥의 모습이 적나라하게 드러났다. 방금 전까지 기대에 부풀어 있던 친구들의 눈빛이 변했고, 그들의 실망하는 눈빛을 느낀 나는 얼굴이 확 달아올랐다. 난 사라진 뚜껑을 찾아 다시 도시락을 닫았다. 친구들은 미안했는지 얼굴을 펴며 김밥을 바꿔 갔다. 친구들이 남기고 간 김밥. 그들의 알록달록한 김밥과 내 네모난 김밥이 도시락 안에서 더욱 비교되었다. 특히나 노란 단무지 물이 번진 엄마의 김밥은 날 더 부끄럽게 만들었다. 그렇게 친구들은 날 배려해 줬지만, 난 그들의 배려가 고마우면서도 그 때문에 내가 더 비참해지는 것 같아 싫었다. 난 친구들에게 대충 핑계를 대고 그 자리를 빠져나왔다.

　그렇게 친구들을 피해 공원 정자 아래에 앉으니 마음이 좀 가벼워졌다. 그때 난 중요한 가방을 챙겨 오지 않았다는 사실을 알고, 내키지 않았지만 다시 그들이 있는 잔디밭으로 갔다. 잔디밭 근처에 다다르자 친구들의 이야기 소리가 들려왔다. 사각 김밥이라며 놀리는 친구들의 목소리와 간간히 들리는 비웃음 소리가 내 가슴에 상처가 되었다. 나는 발길을 돌려 다시 정자 아래로 돌아왔다. 김밥에는 손도 안 댄 채 멍하니 연못을 바라보며 점심시간을 보냈다.

점심시간이 끝나고, 선생님께서 무서운 얼굴로 우리를 향해 걸어오셨다. 선생님께서는 한 손을 높이 들어 투명한 비닐 팩에 담긴 김밥 몇 개를 보여 주셨다.

"이 김밥이 어디서 났는지 알겠습니까?"

선생님께서는 격양된 목소리로 우리들에게 물으셨다. 평소 같으면 여기저기서 장난스런 말들이 쏟아졌겠지만, 우리는 선생님께서 화가 나셨다는 걸 알았기 때문에 아무 말도 하지 않았다. 선생님께서는 다시 말을 이으셨다.

"이건 방금 쓰레기통에서 주운 것입니다. 선생님은 화가 났습니다. 어머니께서 정성 들여 싸 주신 음식을 버린 사람 때문에. 어머니께서는 여러분에게 도시락 하나를 싸 주시기 위해 새벽부터 일어나 준비하셨습니다. 여러분들이 방금 먹은 것은 단순한 도시락이 아니라 어머니의 정성이고 여러분을 향한 어머니의 사랑입니다. 도대체 누가 어머니의 사랑을 버렸단 말입니까?"

그 뒤로도 선생님께서는 여러 말씀을 하셨지만 나는 하나도 기억나지 않았다. 그건 선생님께서 들고 있던 김밥이 내 김밥이라는 사실을 알았기 때문이다. 누가 버렸는지 짐작이 갔다. 매섭게 그들을 노려보았다.

"잘못해서 떨어뜨렸지 뭐야, 미안해."

태연하게 웃으며 그들은 그렇게 말했다. 흙이 하나도 묻지 않은 김밥. 나는 그들의 뻔뻔스런 거짓말에 화가 났다. 그러나 나는 아무 말도 하지 못했다. 그건 선생님의 손에 들린 김밥이 내 김밥이란 사실이 밝혀질 것이 두려웠기 때문이다. 그때 내게는 분노보다 창피함이 더 큰 것이었다.

그렇게 소풍은 끝났다. 집에 돌아와 나는 가방을 아무렇게나 던져 놓고 울며 잠이 들었다. 그러다 저녁에 누가 흔드는 바람에 잠이 깼는데, 날 깨운 사람은 엄마였다. 엄마 손에 들린 도시락. 엄마는 그 도시락을 내보이며 이게 뭐냐고 물으셨다. 도시락에서는 쉰 냄새가 확 끼쳐 왔다. 난 도시락을 미처 치우지 못한 것을 후회했다. 엄마는 계속 채근했지만 난 아무 말도 할 수 없었다. 결국 엄마는 빗자루를 들었다. 둔탁한 소리와 함께 손바닥이며 다리에 빨간 줄이 생겼다. 엄마의 말과 선생님의 말이 머릿속에서 웅웅 울려왔다. 어린 나는 결국 매질의 고통을 견디지 못하고 모든 것을 말했다. 엄마가 그렇게 궁금해 하던 소풍에서 있었던 김밥 일을 이야기해 드렸다. 엄마에게 상처가 된다는 걸 알면서도 고통을 이기지 못하고 털어놓았다. 그리고 마지막에 나도 그런 김밥이 먹고 싶다고, 친구들처럼 예쁜 도시락에 싼 예쁜 김밥을 먹어 보고 싶다고, 엄마의 김밥은 너무 창피하다고 엄마의 가슴에 비수를 꽂았다. 내 말에 엄마는 빗자루를 집으시다가 도로 내려놓으시더니 두 손으로 얼굴을 가리며 방을 나가셨다. 엄마의 두 손 사이로 투명한 물줄기가 빰을 타고 내려오는 것이 보였다.

다음 날, 나는 아빠를 통해 김밥에 얽힌 또 다른 이야기를 들었다. 그날 엄마는 아팠다고 한다. 아빠는 쉬라고 했지만 엄마는 내 김밥을 싸야 한다고 일어나셨고, 이미 시간도 늦은 데다 몸도 아파 김밥 쌀 준비를 하기가 힘들었다고. 그래서 내 부탁이 마음에 걸리면서도 엄마는 또다시 네모 김밥을 쌀 수밖에 없었다고 한다. 아빠는 그렇게 말하면서 엄마가 내 김밥을 싸기 위해 고생했다고 하셨다. 아빠의 이야기를 듣는 순간, 내가 엄마에게 했던 말들이 생각났다.

그날 이후, 엄마는 그 일에 대해서 아무런 말이 없었다. 그러나 달라진 것은 있었다. 그건 그 뒤로 엄마가 다시는 김밥을 싸지 않았다는 것이다. 김밥이 필요한 날이면 엄마는 김밥 대신 내 손에 만 원을 쥐어 주셨다. 나는 그 돈을 받아 김밥을 사면서 상실감을 느꼈다. 그리고 그 상실감이 무엇인지 깨닫는 데 그리 오랜 시간이 걸리지 않았다. 내가 잃어버린 것, 그것은 사랑이었다. 엄마의 사랑. 사 먹는 김밥에는 항상 그것이 빠져 있었다. 그러나 엄마에게 다시 김밥을 싸 달라고 말할 수는 없었다. 어린 시절에 나는 이미 엄마의 사랑을 배신했기 때문에. 그리고 그렇게 시간이 흘러 어느새 나는 열아홉 살이 되었다. 열아홉, 나는 이제 더 이상 엄마의 김밥이 필요 없는 슬픈 나이로 성장해 버렸다.

어느 아마추어 천문가처럼

채지혜

나는 자전거를 못 탄다. 주변에 자전거를 잘 타는 친구들이 나에게 왜 못 타느냐고 물어보면, "엄마가 그러는데, 나는 어릴 적에 세발자전거도 못 타서 버둥거렸단다." 하고 나의 현저하게 떨어지는 운동신경을 탓하지만 사실 그것은 진짜 이유가 아니었다. 나도 자전거를 배우려고 몇 번 시도를 해 봤다. 남들처럼 뒤에서 아버지께서 잡아 주시고 내가 바퀴를 굴리는 식이었는데, 운동신경이 형편없었던 나는 계속 넘어지곤 했다. 몇 번 넘어지는 그 순간만 넘어서면 다음부터는 쉽게 배울 수 있는 것이었는데, 나는 넘어지는 순간의 두려움과 아픔이 겁나서 끝끝내 자전거를 배우지 못했다.

나는 엄마보다는 아버지를 많이 닮았다. 하지만 그 형편없는 운동신경은 엄마에게서 물려받은 것이었다. 그 외의 것들은 모두 아버지를 닮았다. 아버지께서는 그림도 잘 그리시고, 글도 곧잘 쓰셨다. 나에게 있는 예술적 재능은 모두 아버지의 피에서 흘러온 것이었다. 친구를 좋아하는 것도, 내 일보다 남 일 돕는 걸 우선하는 것도, 남을 너무 잘 믿는 것도 다 아버지를 닮았다. 그리고 엄마는 그런 나를 많이 걱정하셨다. 나는 엄마의 걱정을 이해할 수 있었다. 아버지께서 친구를 너무 믿어서, 당신의 일보다 남 돕길 우선하셔서 쓰디쓴 실패를 맛보았기 때문이다.

한 번의 사업 실패는 아버지를 움츠러들게 하기에 충분했다. "사장님, 사장님" 하고 부르던 사람들 밑에도 들어가야 했고, 가장으로서의 자존심도 몇 번이나 굽히셔야 했다. 그 좋아하던 친구들조차 돈 앞에서는 그저 '남', 그 이상도 그 이하도 아니었다. 믿었던 친구들이 등을 돌렸을 때 그나마 도움의 손길을 내민 건 농사나 짓는다고 무시했던 동네 친구들이었다. 그들의 도움은 아버지께 고마움이면서도 또 다른 의미에서는 충격이었다. 그리고 결국 아버지께서는 서울에서 새 일을 시작하기 위해 가족들을 두고 혼자서 떠나셔야만 했다. 그렇게 아버지는 계속 작게 움츠러들기만 하는 듯했다.

하지만 아버지께서는 곧 다시 일어서셨다. 서울에서 새로 시작한 작은 가게가 몇 년 사이에 제법 자리를 잡기 시작한 것이었다. IMF 때 실패해서 자살을 하거나, 술독에 빠져 살거나, 아예 집을 나가 버린 이들에 관한 얘기를 많이 들었지만 아버지는 한 번도 그런 모습을 보이지 않으셨다. 서울에서 홀로 실패의 아픔에 맞서 싸우셔야 했지만 아버지는 포기하지 않으셨다. 움츠러들면서도 그 이상으로 다시 일어나려고 노력하셨다. 실패는 두렵지만 이전에 겪었던 한 번의 실패가 그 다음 번에 실패하지 않으려고 노력하는 데 원동력이 되어 줄 것이라는 것, 우리 가족이 행복하게 함께 사는 모습을 떠올리면 좀 더 쉽게 그 두려움을 떨쳐 버릴 수 있다는 것이 아버지의 말씀이었다.

마당 한쪽에 쓰러져 있는 녹슨 자전거를 보니 아버지 생각이 났다. 겁에 질려 페달을 밟지도 못하는 나에게 자전거를 가르치려고 부단히도 애를 쓰시던 그 모습. 더불어, 무릎에 상처가 하나둘 늘어 갈 때마다 안 배우겠다고 떼를 쓰던 어릴 적 내 모습도 생각났다. 그래, 그때도 아버지께서는 나에게 넘어지는 걸 무서워하지 말라고 하셨던 것 같다. 몇 번 넘어지다 보면, 안 넘어지는 방법을 알게 될 거라고.

자전거 바퀴를 손으로 한번 굴려 보았다. 오랫동안 타지 않아서인지 낡은 쇳소리가 귓가에 울렸다. 아버지께서 서울로 일하러 가신 이후로 자전거는 한 번도 신나게 달려 보지 못했다. 그때 내가 자전거 타기를 배웠더라면 자전거는 이렇게 녹슬지 않았을 것이다.

생각해 보면 나는 자전거 배우기뿐만 아니라 내가 하는 일에 있어서도 실패할까 봐 두려워서 한 발 물러선 적이 많았다. 누군가가 나의 잘못을 지적하면, 다음에 잘하지 못할까 봐 걱정이 되어 하고 싶으면서도 선뜻 나서지를 못했다. 나는 그렇게나 많은 부분을 아버지와 닮았으면서도 왜 그때의 아버지의 모습과는 닮지 못했던 걸까? 내게 자전거를 가르쳐 주셨을 때, 아버지께선 내가 자전거를 배우면서 당신이 실패를 딛고 다시 일어났듯이 나도 실패를 두려워하지 않는 마음을 가지기를 바라셨을 텐데.

 쓰러져 있는 자전거를 벽에 비스듬하게 세워 놓고 문득 하늘을 올려다보았다. 날은 어느새 어둑해져 군청색 천막 같은 하늘의 별들이 봉지에서 쏟아져 나온 사탕처럼 달큰하게 떠 있었다.

 나는 예전부터 별을 참 좋아했다. 한창 천문학에 빠져 있을 때, 아버지께서는 칼 세이건의 《코스모스》라는 책을 사 주셨다. 두께가 제법 되는데다 첫 장부터 '카오스'니 '코스모스'니 하는 어려운 말을 하는 터에 그 책을 다 읽을 엄두도 내지 못하고 있던 중, 책 가운데쯤에 책갈피가 곱게 끼워져 있는 걸 발견했다. 연보라빛의 제비꽃이 코팅되어 있는 책갈피에는 아버지의 글씨로 "딸에게, 아빠가."라고 적혀 있었다. 책갈피가 꽂혀져 있던 책장에는 이런 글귀가 있었다.

 우리는 별을 무척 사랑한 나머지 이제는 밤을 두려워하지 않게 됐다.
— 어느 두 아마추어 천문가의 묘비

 아마 아버지께서 나에게 가르치려고 하신 것이 아마추어 천문가의 묘비문과 같은 진리가 아닐까 싶었다. 아마추어 천문가는 자신이 사랑하는 별을 보기 위해서 어둠과 고독이 켜켜이 쌓여 가는 밤을 얼마나 많이 맞이해야 했을까? 하지만 천문가는 오직 별을 보겠다는 생각만으로 매일 밤을 견뎠고, 결국에는 그 마음이 두려움까지도 극복하게 했을 것이다. 별을 사랑한 천문학자가 밤을 두려워하지 않듯이 꿈을 가진 딸이 실패를 두려워하지 않기를 바라셨던 나의 아버지. 왠지 그 아마추어 천문가와 우리 아버지가 서로 닮은 듯했다. 아버지의 얼굴이 잠시 밤하늘의 별똥별처럼 스쳐 지나갔다.

내가 꿈을 이뤄 나갈 때, 실패는 초대받지 않은 손님처럼 불시에 찾아올 것이다. 하지만 내가 가진 꿈으로 실패의 아픔을 이겨 내는 것, 다음에 찾아올지도 모를 실패를 두려워하지 않는 것, 실패도 한번 해 봐야 하는 것임을 아는 것. 나는 여덟 살 때 미처 깨닫지 못했던 것을 열여덟 살이 된 지금에서야 가슴속에 깊이깊이 새겨 둔다.

나는 밤하늘에 흩뿌려진 별들을 보며 내 꿈도 언젠가 저 별들처럼 빛나기를 매일 바라고 또 바랐다. 나는 누구보다도 내 꿈을 소중하게 생각했다. 그 꿈을 소중하게 지켜 저 별들처럼 되기 위해서는 어떤 마음을 가져야 하는지를 아는 지금, 저 연연한 별빛들이 예사 빛이 아닌 듯 느껴진다.

별을 사랑한 어느 아마추어 천문가처럼 아버지께서 마음속에 새겨 주신 교훈을 떠올리며 나는 말한다. "나는 꿈을 무척이나 사랑한 나머지, 이제는 실패를 두려워하지 않게 되었다." 라고.

마음으로

이다은

햇볕이 따가웠다. 마치 그 빛이 내 심장까지도 몽땅 태워 버릴 듯한 느낌이 들어 서둘러 집으로 돌아왔다. 집. 그래, 집이라면 집인 그곳으로.

303호. 이제는 낯설지 않은 소독약의 진한 내음이 잔잔히 코를 적시고, 아직 몸에 남아 있는 열기를 식히기 위해 에어컨 근처로 다가갔다. 그리고 버티컬블라인드를 좀 더 내리면서 익숙하게 간이침대에 몸을 맡겼다.

시원한 바람에 몸은 찬찬히 식어 가는데, 어째서 심장은 이리도 뜨거운 걸까? 새빨갛게 달아오른 그것이 몸속에서 녹을 듯 말 듯 서글픈 염증을 불러일으켰다.

"할머니……."

그래, 내게는 지금 할머니의 고질병이 전염된 것일 게다. 그래서 이렇게도 아픈 거야. 할 수만 있다면 내가 그 호흡기를 대고 싶었다. 자잘하게 연결된 이름 모를 기계들도 내 가슴에 이리저리 연결해서, 가능한 한 내가 그 침대에 눕고 싶었다. 차라리 그랬다면……. 가만히 누워 있는 할머니를 바라보다 또 눈물이 터질 것 같아서 얼른 고개를 돌렸다. 요즘엔 부쩍 눈물이 많아졌다.

  6시 3분. 덜커덩 덜커덩 문밖에서 들리는 소리에 천천히 일어나 병실 문을 열었다. 가능한 한 천천히, 다른 사람들이 모두 식판을 가져간 후에야 나는 할머니의 식판과 내 식판을 받아 왔다.

  "할머니, 밥."

  할머니의 흰 죽, 말간 반찬, 말간 국. 내 식판에 있는 벌겋게 익은 김치와 도무지 소금기라고는 찾아볼 수 없는 할머니의 말간 백김치를 슬그머니 바꾸었다. 맛도 맹탕인 반찬 탓에 죽을 반도 채 드시지 않고 남기는 것보다는 그게 더 낫다고 생각해서였다. 그랬는데도 할머니는 죽을 남기셨다.

  달그락 달그락……. 우리 병실의 유일한 스테인리스 식판을 손에 쥐고서 복도로 나갔다. 그리고 슬며시 할머니의 얼굴을 떠올려 본다. 웃으실 때 진하게 잡히는 입가의 주름, 낮은 코, 동그란 얼굴. 그것이 내가 할머니를 닮았다고 생각하는 이유였다. 코도 낮고, 입에는 팔자 주름이 있다며 싫어해야 마땅하지만, 난 어릴 적부터 할머니 닮았다는 말이 참 좋았다. 그래서 항상 사람들이 아빠 닮았느냐, 엄마 닮았느냐 물어 오면 이렇게 생뚱맞게 답하곤 했다.

  "할머니요! 난 우리 할머니 제일 많이 닮았어요!"

  지금 생각해 보면 참 나다운 대답이었다. 그땐 그렇게도 할머니를 잘 따랐는데, 지금은 왜 이리도 못된 손녀가 되어 버린 걸까?

밀려드는 미안함에 절로 고개가 푹 꺾였다. 파스 사러 가는 것이 그리도 귀찮아 일주일이 지나도록 사 오지 않았고, 할머니께서 마시고 싶다던 사이다도 한 걸음 길인 슈퍼에 가는 것이 귀찮아 사 오지 않았다. 그래, 그런 사소한 것마저도.

식판을 치우고서 복도에 한참을 멍하니 서 있다가, 멀리 보이는 눈에 익은 사람들의 모습에 정신을 차렸다. 가족들이었다. 할머니께서 입원하실 적에, 각자의 일로 바쁜 가족들에게 할머니의 간호는 내가 맡겠다고 했었다. 아직 어린 나이인 열다섯 살. 할머니께 해 드리고 싶은 것이 너무나도 많은 이 철부지 어린아이가 처음으로 사랑을 표현한 것이었다.

나 역시 할머니와 마찬가지로 사랑 표현에 익숙하지는 않았다. 내가 사랑하는 사람에게는 더더욱. 그래서 할머니께 성질만 내는, 아주 못된 손녀였다. 그래, 그랬었지. 정말이지 누구에게 선뜻 다가서지도, 고맙다, 좋아한다고 표현하지도 못했다. 꼭 할머니처럼.

할머니는 단 한 번도 우리에게 사랑한다고 말씀하신 적이 없다. 물론 '우리 애물단지'라든가 '사랑하는 내 새끼'라는 말은 더욱이. 그건 할머니의 평소 모습만 봐도 알 수 있다. 강아지를 키우면서도 "똥은 누가 치우냐? 냄새난다." 말씀은 그렇게 하셨지만, 언제나 밥을 주고 챙겨 주시는 분은 할머니였다. 할머니는 그렇게 보이지 않게 사랑을 표현하셨다. 말 대신 몸으로, 몸 대신 마음으로 사랑을 표현하셨다. 우리 할머니는, 우리 할머니는 그런 분이다.

작고 꼬질꼬질한 우리 엄마의 차

강재연

"학교 가서 선생님 말씀 잘 듣고 공부 열심히 하고 와, 딸~."
엄마가 차 문밖으로 인사를 했다. 나는 건성건성 대답하며 뒤도 안 돌아보고 '다수초등학교'라고 커다랗게 적힌 문으로 뛰어 들어갔다. 그때 내 나이가 열세 살이었다.

우리 부모님은 석유 파는 일을 하셨다. 부모님은 매년 겨울, 새벽부터 저녁 늦게까지 찬바람을 맞으면서 다니셨다. 아빠는 커다랗고 시끄러운 빨간 차로, 엄마는 작고 소리만 크게 나는 때 묻은 빨간 차로. 엄마는 석유를 배달하는 그 차로 아침마다 나를 학교에 데려다 주셨다. 부르릉거리는 소리를 내는, 기름때 묻은 그 작고 꾀죄죄한 차를 정문에 떡하니 세우고 나를 데려다 주시는 엄마가 난 부끄러웠다. "다른 애들은 승용차로 데려다 주는데 왜 나는 이런 고물 차로 데려다 주는 거야!" 하고 아침마다 원망 섞인 말을 했었다. 특히 바쁜 겨울철이면 '김천석유'라는 이름이 적힌 꼬질꼬질한 빨간 잠바와 허름한 모자를 쓰고 엄마는 나를 데려다 주시

곧 했다. 새벽부터 일 나가시느라 아침 드실 틈조차 없는데도 학교까지 꼭 데려다 주셨던 엄마한테 나는 '고맙습니다.'라는 말 대신에 '아, 창피해.'라는 말을 했었다. 만약 기억을 지울 수만 있다면 나는 엄마에게 그 말을 했던 못난 딸을 가장 먼저 지우고 싶다.

6학년 때, 나는 우리 반의 부실장으로 선출되었다. 엄마는 너무 자랑스러워 하셨고, 그런 엄마의 모습에 나도 기뻤다. 부실장이 되고 나서 엄마는 실장을 비롯한 다른 어머니들과 함께 학교를 방문하셨다. 선생님께 인사를 드리고 난 후 엄마들이 아이들을 위해서 피자를 사 주셨다. 그때 한 아이가 소리쳤다.

"인성이 엄마 좀 봐. 진짜 이쁘다!"

나도 인성이 엄마를 쳐다보았다. 인성이 엄마는 아가씨처럼 예쁜 옷을 입고 계셨다. 그런데 옆에 서 있는 우리 엄마는 또 그 작업복……. 나는 그 옷이 너무 부끄럽고 싫었다. 나는 엄마에게 눈길조차 주지 않았다. 그날 집으로 가는 차 안에서 나는 엄마와 다투었다.

"엄마도 인성이 엄마처럼 예쁜 옷 좀 입고 오지. 왜 그걸 입고 와!"

나는 큰 소리로 엄마에게 화를 냈다.

"엄마가 일하느라 바빠서 그랬어. 뭐 그런 걸로 화를 내."

엄마 또한 내게 화가 나 있었다.

"그래도 진짜 창피해 죽겠어. 나도 엄마가 예쁜 옷 입고 좋은 차 타고 다녔으면 좋겠단 말이야!"

나는 엄마의 가슴에 대못을 박고 말았다. 그런 말을 하는 게 아니었다. 엄마는 아무 말씀도 없으셨다.

다음 날부터 나는 아빠의 까만 승용차를 타고 등교했다. 승용차는 편하고 부끄럽지도 않았지만, 나는 내 자신이 부끄러워서 견딜 수가 없었다. 엄마에게 미안한 마음이 가득한데도 나는 미안하다는 말 한마디 못한 채로 1년을 보내고 말았다.

그렇게 졸업할 때가 되었다. 졸업식 하루 전, 학교에 늦게까지 남아서 졸업식 예행연습을 한창 하고 있었다. 그런데 말도 안 하고 늦는 딸이 걱정되었는지 엄마에게서 전화가 걸려 왔다.

"딸, 왜 이렇게 늦게 와?"

"엄마, 오늘 졸업식 예행연습이 있어. 나 더 늦을 것 같아."

"그래? 되도록이면 빨리 와. 엄마가 김밥 싸 줄게."

그때 선생님께서 내 이름을 부르셨다. 나는 미처 대답을 하지 못하고 전화를 끊었다. 선생님께서는 내가 상을 받는다고 단상 위로 올라가는 연습을 해야 한다고 하셨다. 나는 속으로 엄마가 제일 먼저 생각났다.

'엄마가 이 사실을 알면 기뻐하시겠지?'

연습이 끝나자마자 부리나케 집으로 달려갔다.

"엄마! 나 상 받았어!"

현관문을 열고 안으로 들어섰을 때, 할머니께서는 앉아서 기도를 하고 계셨다.

"할머니, 언제 왔어요? 엄마는?"

할머니께서는 대답이 없으셨다. 그냥 나를 안고 울기만 하셨다.
"엄마, 지금 병원에 갔어."

할머니를 뿌리치고 부엌으로 들어갔을 때, 부엌에는 엄마가 나에게 싸 주시려고 준비했던 김밥 재료들만이 덩그러니 남아 있었다. 엄마는 그 후로 집에 돌아오지 못하셨다. 그리고 엄마의 빨간 차는 더 이상 나를 학교에 바래다주지 않았다. 차고의 귀퉁이에 정지된 채로……

고등학생이 된 지금 돌이켜 생각해 보면 어린 시절의 나는 참 철이 없었던 것 같다. 나를 아끼고 사랑해 주는 엄마의 마음을 나는 모른 척했다. 못난 그때의 내가 너무 후회되고, 한 번만이라도 엄마를 만날 수 있다면 엄마에게 말하고 싶다. 세상에서 가장 좋았던 것이 그 작은 차 안에서 나눈 엄마와의 대화였다고……

밤길

정다빈

내가 밤길을 걷고 있을 때, 누군가 날 위해 등불 밝혀 주는 이 있음을 생각하면 내 안에 용기가 가득 차 희망의 걸음을 내딛노라.

이것은 내가 매우 좋아하는 성가의 한 구절이다. 나 홀로 밤길을 걷고 있을 때, 나를 위해 등불 밝혀 줄 수 있는 이가 존재함은 세상의 온갖 길들을 걸어가야만 하는 모든 사람들에게 큰 힘이 될 것이 분명하다. 나에게도 어두운 밤길을 환하게 비춰 주는 등불 같은 사람이 있다.

우리 부모님은 내가 아주 어릴 때부터 두 분 모두 일을 하셨다. 얼마간의 출산휴가 이후 바로 직장에 나가셔야 했던 어머니는 갓난아이였던 나를 시골의 할머니 댁에 맡기셨다. 녹슨 기와집과 서서히 빛이 바래 가던 2층 양옥집, 4층짜리 빌라까지 함께 있던 그 마을에서 나는 자랐다. 젖먹이 때부터 엄마보다 할머니와 더 오래 지내며 자란 탓인지 초등학교에 입학할 무렵 나에게 세상과 소통하는 유일한 창은 할머니였다. 초등학교에 입학하고 점차 커 가면서 가끔은 지나치게 알뜰해서 화장실 휴지 한 칸을 두고도 잔소리를 하시는 할머니를 지겨워하기도 했지만, 그때까지도 할머니는 내가 가장 의지하던 사람이었다.

하지만 시내의 중학교에 입학하게 되면서 나는 12년간 지내 왔던 할머니 댁을 떠나게 되었다. 할머니께서는 아주 많이 아쉬워하셨지만, 벌써 몇 년째 부모님은 나를 다시 데려가고 싶어 하셨고 할머니의 건강도 예전 같지 않으셨기 때문에 더 이상은 지체할 수 없었다. 어릴 때부터 가지고 놀던 장난감이며, 내 방 한쪽 벽을 장식하고 있던 댄스 가수들의 브로마이드, 꽤 많이 쌓여 있던 책과 옷가지들을 함께 챙기시며 할머니는 들릴 듯 말 듯한 목소리로 자꾸만 무언가를 웅얼웅얼 말씀하셨다.

초등학교 6학년 겨울, 내가 쓰던 방을 깨끗이 치우고 나를 데리러 온 아빠의 차에 짐을 싣고 나니, 할머니께서 느린 걸음으로 절뚝이며 다가오셨다. 할머니께서는 낡은 몸뻬 주머니에서 무언가를 꺼내, 내 손에 쥐어 주시고 돌아서셨다. 하도 여러 번 접고, 손때를 타 꼬깃꼬깃해진 만 원짜리 세 장이었다. 내가 "할머니!" 하고 불렀는데도 할머니는 그저 고개를 숙인 채 걷기만 하셨다. 나는 뛰어가, 절뚝이는 발걸음으로 방 안으로 들어가시려는 할머니의 손을 꼭 잡았더니 할머니께서는 나를 보며 말씀하셨다.

"니, 그 운동화 사다 신그라. 저번에 니가 사 돌라고 우기쌌던 그거 사다 신으라."

그때 우리 초등학교에선 나이키니 아디다스니 하는 유명 브랜드의 운동화를 신고 다니는 것이 유행이었는데, 할머니께서는 내가 비싼 운동화를 사 달라고 몇 번 떼를 쓰다 말았던 것이 못내 마음에 걸리셨던 모양이었다. 내가 할머니의 손목을 꼭 붙잡고 서 있으니 아빠가 어서 출발하자고 채근하셨다.
"그래, 이제 가야지. 빨리 가그라."
할머니는 결국 눈물을 보이셨다. 사춘기가 된 뒤로는 빨리 부모님과 함께 시내에서 살고 싶다며 할머니를 졸라 대기도 하고, 시내에 있는 중학교에 다니게 되면서는 드디어 이 집을 떠나는구나, 하고 마음속으로 기뻐하기도 했기 때문에 할머니의 눈물은 나의 마음을 더 아프게 했다. 결국 나 역시 할머니 품에 안겨 엉엉 울음을 터뜨리자 할머니는 자꾸만 나를 밀어내시며 방으로 들어가려고 하셨다. 할머니에게서 나를 떼어 낸 아빠의 곁에 앉아 자동차를 타고 할머니 집을 떠나려고 보니, 창문을 빼꼼 열고 나를 지켜보시는 할머니의 모습이 보였다. 눈물범벅인 할머니의 주름지고 움푹 팬 눈가를 보자 다시 나도 눈물이 나서 한참을 울었다.
그렇게 눈물의 이별을 했다지만, 부모님과 함께 지내는 것과 중학교 생활에 곧 적응해 가자 나는 더 이상 할머니를 찾지 않았다. 가끔 전화 통화를 할 때도, 할머니를 찾아뵐 때도 조금은 귀찮아하며 할머니를 무신경하게 대했다. 부모님에게 몇 번이나 할머니께 잘해 드려야 한다고 잔소리를 듣던 중학교 3학년의 가을, 할머니께서 잠시 우리 집에 머무시게 된다고 했다. 그때 나는 외국어

고등학교 입시를 준비하느라 매일 새벽 2시나 되어서야 집으로 돌아오곤 했다. 할머니께서 우리 집에 머무시게 되고 나서 며칠 뒤, 학원 차에서 내려 아파트의 담 길을 따라 집으로 들어가려는데, 나를 부르는 목소리가 있었다. 조금은 놀라고 조금은 무서워 고개를 돌렸더니 할머니께서 두터운 외투 하나를 들고 서 계셨다.

"할머니 여기 왜 나왔어?"

"아까, 니 나갈 때 보니까 밤에 들어오기는 춥겠더라고. 그래서 옷 가져다줄라고……."

당신께서 전혀 미안해 하실 일이 아닌데도 변명하듯 내 눈치를 살피시는 할머니를 보자 마음이 아팠다. 지난 밤, 늦은 시각까지 나를 기다리는 어머니에게 먼저 잠들지 왜 기다리느냐고 성을 내는 내 모습을 보셨나 보다. 나 때문에 어머니가 고단한 몸으로 밤늦게까지 잠들지 않으시고, 할머니께서 추운 가을 밤 나와 계시는 것이 한편으로는 너무 고마우면서도 죄송한 마음에 나는 화를 냈다. 하지만 내 눈치를 살피시는 할머니의 모습을 보고 나는 아무 말도 하지 않은 채 그냥 할머니께서 건네주시는 외투를 받아 몸에 걸쳤다.

"할머니."

"왜?"

"이제부터는 나 안 데리러 와도 되니까 그냥 일찍 자요."

"나는 그냥, 밤인데 깜깜한 밤길을 니 혼자 온다 카니까 걱정이 되어 가지고."

"응, 응. 아는데……, 그냥 먼저 자."
"알겠다, 알겠어."

그 가을밤의 춥고 어두운 밤길, 나는 할머니의 손을 꼭 잡아 드렸다. 내가 당신을 무성의하게 대하고, 가끔은 귀찮다고 여겨도 언제나 나를 위해 밤길에 등불을 밝혀 주실 할머니의 마음을 느꼈기 때문이다.

나는 요즘도 미사 중이나 명상 중에 그 성가를 들으면 할머니의 작고 거친 손을 꼭 잡고 집으로 돌아오던 그날 밤이 생각난다. 내가 비단 새벽 두 시의 어둡고 깜깜한 밤길이 아니라 정말로 힘겹고 고단한 인생의 밤길을 맞게 될 때도 할머니는 분명, 언제 자신이 서 있는 곳에 다다를지 모르고 힘겨워 하는 손녀를 위해 기꺼이 등불을 들고 세상을 밝히실 것이다.

할머니의 사랑이 또다시 내 가슴을 메우는 오늘, 할머니의 밤길은 내가 기꺼이 등불을 들고 밝혀 드리겠노라고, 약간은 낯 뜨거운 이야기를 담은 전화 한 통 드려야겠다.

바이올렛

이유선

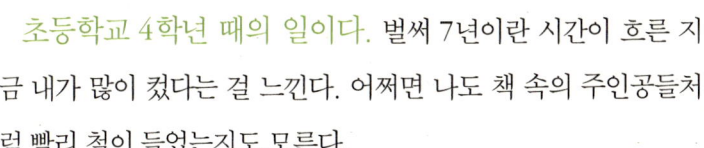

　초등학교 4학년 때의 일이다. 벌써 7년이란 시간이 흐른 지금 내가 많이 컸다는 걸 느낀다. 어쩌면 나도 책 속의 주인공들처럼 빨리 철이 들었는지도 모른다.
　그날도 학교 행정실에서 일하시는 엄마를 볼 수 있었다. 사람 일은 정말 알 수가 없다. 아무런 느낌을 받지 못했으니까. 며칠 뒤 엄마는 휴직하셨다. 얼굴에 핏기가 없고 손발이 퉁퉁 부으셨다. 병원에서는 별다른 치료를 하지 않고 계속 피를 뽑아 검사를 했다고 하셨다.
　우리 엄마인데도 입원하신 병원에 딱 한 번 갔던 것 같다. 그 후로 정말 오랫동안 엄마를 보지 못했다. 그때는 나와 동생이 너무 어려서 우리를 위한 어른들의 배려였을지도 모른다. 누군가 말했다. 슬퍼서 우는 게 아니라 울어서 슬픈 것이라고. 울고 웃는 것을 조절한다는 건 쉽지 않은 일이다. 눈물을 흘려서 마음이 조금 풀어질 때도 있지만 울게 되면 더 서럽고 우울해진다. 이런 건 좋은 울음이 아니라고 했다.

　그때 참 많이 울었다. 항상 볼 수 있던 엄마를 볼 수 없어서, 영원히 그렇게 될지도 모른다는 생각이 들어서. 그래서 밤이 더 무서웠던 걸까? 자다가 잠깐 깨면 깜깜한 밤이, 푸른 새벽빛이 너무 무서웠다. 또 병원에 가 버리실까 봐, 꿈에서처럼 내가 갈 수 없는 먼 곳으로 가 버리실까 봐. 동생 앞에서는 내가 울면 동생이 더 울까 봐 참으려고 노력했다. 우는 동생에게 화를 낸 적도 많았다. 어른들은 엄마와 우리 사이를 갈라놓았다. 곧 괜찮아지실 거라고만 했다. 엄마가 집으로 돌아오신다는 말을 듣고 나서는 너무 기뻤다.

　엄마가 많이 아프셨던 때의 마음을 어떻게 글로 다 표현할 수 있을까? 글로 옮기는 것조차 너무 조심스러운데……. 사람의 인연은 처음부터 끝까지 함께할 수 없다는 사실을 알았다. 누구나 만남이 있으면 헤어짐이 있는 법, 헤어지고 나서 다시 만날 수 있다는 것도 알았다. 사람들에겐 감추고 싶은 상처가 있을 것이고 아픔이 있을 것이다. 사람은 너무 이기적이라서 자신의 힘든 것만 생각한다. 사랑하는 사람의 아픔을 생각해서 하는 일은 자기 자신을 위한 일일 때가 많다. 조금만 봐 주면 될 텐데, 자신의 아픔도 너무 감추려고만 하지 않아도 될 텐데. 나도 엄마의 아픔과 슬픔은 생각하지 않고 살아온 것만 같다.

　엄마가 다시 집으로 돌아오셨을 때, 나와 동생은 엄마를 피했다고 한다. 엄마의 모습이 아니었기 때문이다. 엄마는 얼굴이 많이 부어 있었고, 머리카락도 빠져 있었다. 약이 독해서 그렇다고 하셨다. 1년이라는 시간이 너무 길었던 탓인지, 달라진 엄마의 모습을 인정하기 싫었던 것인지 달려가서 안아 드리지 못한 게 죄송스럽다. 엄마의 빈자리는 너무 컸고 그만큼 나는 더 자라 있었다.

옆에 있던 누군가가 사라진다는 건 견딜 수 없이 슬픈 일이다. 항상 곁에 있으면 소중함을 잘 모른다. 그때 일을 계기로 나는 어머니라는 존재의 소중함을 절실히 느꼈다.

엄마는 거울을 보고서, "나도 이제 나이를 먹어 간다."며 주름이 많이 생겼다고 하신다. 난 아니라고 딱 잡아떼지만 엄마의 모습을 보면 마음이 아프다. 그래서 세월이 가는 것을 느끼지 않으려고, 내가 커 감에 따라 엄마는 늙어 가신다는 걸 애써 생각하지 않으려고 한다.

언젠가 죽어 가는 잎 하나로 꽃을 다시 살려 낸 적이 있다. '바이올렛'이라는 꽃인데 엄마가 아프실 때 이 꽃이 병실에서 오래오래 계속 피어나는 것을 보고 많은 힘이 되었다고 하셨다. 나중에 집에 바이올렛 화분을 두 개 사 오셨는데, 어느 날부터 시들시들하더니 죽어 가고 있었다. 나는 떨어진 잎 하나를 주워 새로운 화분에 놓고 흙을 덮어 두었다. 매일 들여다보고 살아날 거라고 주문을 외웠다. 따뜻한 표정도 짓고 음악도 들려주었다. 그렇게 해도 몇 달이 지나도록 별다른 변화가 없었는데 바이올렛은 기적같이 살아났다. 잎이 뿌리를 내렸는지 새로운 잎이 생겨나기 시작했다. 이 꽃 자체가 잎을 묻어도 새로운 잎이 자라는 것인지 모르겠지만, 정말 기뻤다. 나의 관심이 새로운 생명을 다시 태어나게 했다는 뿌듯함으로.

바이올렛처럼 엄마도 주위 사람들의 관심과 새로운 희망으로 다시 일어나신 것 같다. 무엇보다도 어머니의 강인한 의지 덕분이었다. 식물에게 무슨 의지가 있겠느냐마는 바이올렛 잎도 흙에 발을 붙이려는 노력을 했던 게 아닐까?

바이올렛은 여전히 잘 자라고 있다. 엄마의 손길이 닿았음이 분명하다. 거실에 놓인 바이올렛을 보면 많은 생각이 든다.

바이올렛 꽃잎의 보라색이 우리 엄마의 빛깔과 닮았다.

가을의 길목에서

백장미

깨진 구름 틈으로 햇빛이 쏟아져 내리자 푸른 잎사귀들이 하나의 모자이크가 되어 화려하게 빛나고 있었다. 옹기종기 모인 작은 집들 사이로 나지막하게 흐르는 시냇물 소리가 나의 귓가를 간지럽혔다.

"할매, 나 이제 고등학교 가요."

"응?"

"할매, 나 이제 자주 못 올지도 몰라."

"응?"

다시 아이로 돌아간 듯 말간 표정으로 할머니께서는 나를 바라보고 계셨다. 겨울의 기세가 한풀 꺾이고 뼛속까지 따갑게 스미는 바늘바람이 불지 않던 어느 날, 나는 할머니의 한 손을 꼭 붙잡고 동네 시냇가로 향했다. 아직 다가오지 않은 계절을 미리 준비하기라도 하시는지 얇아 보이는 상아색의 카디건만 걸친 채, 알 수 없는 말을 옹알이하듯 되뇌이시는 할머니. 머리를 빗어 단정히 쪽을 찌고, 비가 오나 눈이 오나 한복을 정갈하게 차려입으시던 할머니는 어느 날 갑자기 어린아이로 변해 버리셨다. 짧게 잘려 나간 하얀 머리카락이, 삐쩍 말라 버린 장작 같은 팔다리가 내 눈을 자꾸만 흐리게 만들어서 나는 그만 고개를 돌리고 말았다.

칠흑 같은 장막에 싸여 온통 고요하기만 한 산속 마을의 밤, 엄마 곁에서 잠이 들려던 나는 밖에서 들려오는 큰 소리에 놀라 잠에서 깨어났다.

"누가 날 잡으러 와."

"어매, 아무도 안 와! 아무도 없어."

"누가 날 잡으러 와. 살려 줘!"

"어매……."

아빠의 달래는 소리가 잦아들다가 흐느낌으로 변해 가기 시작했다. 밥조차 제대로 한술 뜨지 못하시면서 어디에서 그런 소리가 나오는지……. 할머니는 끊임없이 밖을 향해 외치고 있었다. 마치 자기를 가두고 있는 또 다른 자신에게서 도망치려고 하는 것처럼 그렇게 필사적으로……. 그날 밤 고래고래 소리치는 할머니의 작은 이부자리 앞에서 가족들은 한없이 목놓아 울고 말았다.

모든 게 낯설고 힘들기만 했던 고등학교의 첫 학기가 지나고, 빠르게 일상으로 되돌아온 나는 며칠의 달콤한 방학을 만끽하며 그렇게 즐겁게 지내고만 있었다. 그리고 누군가가 나쁜 일 끝에 기쁜 일이 있고, 기쁜 일 끝에 나쁜 일이 찾아온다고 했던 것처럼 미처 준비하지 못한 채 나의 할머니를 잃고 말았다. 마치 할머니가 순식간에 할머니를 잃어버린 것처럼 그렇게……

 텅텅 비어 버린 집, 할머니의 손때 묻은 물건들이 사라져 버린 휑한 대청마루에 앉아서 나는 돌아오지 않을 할머니를 기다리고 기다렸다. 하관하는 그 순간까지도 머리부터 발끝까지 둥실둥실 떠 있는 듯 멍한 상태로 '꿈을 꾸는 거야, 꿈을 꾸고 있어.'라며 볼에 단 한 줄기의 눈물도 그려 내지 않았다. 기대어 선 나무에서 그 해의 첫 낙엽이 졌다. 허공에서 빙그르르 돌며 떨어지는 아직 새파란 나뭇잎이 클로즈업되어 머릿속에 들어와 박혔다. 나를 감싼 공기가 차가워졌다. 눈물이 났다.

 "37년 만에 만나는 할아버지랑 할매가 서로 알아보겠나?"
 "당연하제. 그걸 말이라고 하나? 아빠도, 참."
 "저것 봐라, 손자 손녀 먹고 가라고 할매가 밤도 빨리 익혔는갑다. 주머니에 넣어 가지고 내려가래."
 "……."

 결실의 계절, 들의 모든 식물들이 열매를 맺고 또 다른 생명을 탄생시킬 때 사랑하는 나의 할머니는 황혼이 바람에 밀려가듯 그렇게 소리 없이 지고 있었다. 주머니에 가득 넣은 밤이, 바람에 휘휘 젓는 가지의 흔들림이, 미안하다고 되뇌이는 내 말에 대꾸하는 할머니의 따스한 미소 같아 그제야 할머니를 놓아 드릴 수 있었다.

 가을의 길목에서 나는 또 다른 이별을 했다. 그리고 내 자신이 조금, 아주 조금 더 성장했음을 느낄 수 있었다.

전자시계

조승현

날씨가 그리 쾌청하지 않았다. 비가 올 것도 같았다. 어제까지만 해도 햇살이 방글방글 하더니 하룻밤 사이에 햇빛의 한 모퉁이가 닳아 있었다. 오빠는 말없이 차분하게 짐을 챙겼다. 짐이라고 해 봤자 한 번도 쓰지 않고 서랍에 넣어 두었던 오래된 수첩 하나와 6시 35분에서 벌써 몇 번을 깜빡이고 있는 전자시계가 다였다. 요금이 밀려 발신이 정지되어 있던 내 휴대폰의 시계보다 오빠의 전자시계가 1분 빠르게 흘러가고 있었다.

논산 훈련소까지는 세 시간이 걸렸다. 아버지께서는 아까부터 담배를 태우셨다. 하얀 연기가 아버지의 머리 위로 피어올랐다. 나는 물끄러미 아버지를 바라보았다. 내 두 눈이 시큰해질 때까지. 나는 마음껏 울 수 없는 세상 모든 아버지들의 눈물이 다 저렇게 생겼을 거라고 생각했다.

"애들아, 밥 먹자! 당신도 어서 들어와요."

여느 아침과 같이 엄마는 따뜻한 아침 밥상을 차리고 밥상의 온기 앞으로 우리들을 불러 모았다. 엄마의 목소리가 다른 날보다도 한껏 높았지만, 오빠가 가고 나면 그 목소리도 곧 한없이 처질 거라는 걸 나는 알고 있었다. 할머니는 아예 아침상을 받지도 못하시고 눈물만 흘리셨다. 오빠의 전자시계는 벌써 7시 20분을 가리키고 있었다. 1분 빠르게 흘러가는 오빠의 시계가 내내 마음에 걸렸지만 오늘이 오빠의 입대 날이라는 사실이 머릿속에 파고드는 순간 나는 퍼뜩 꿈에서 깨어날 때처럼, 진득한 촉수를 지닌 망각의 손아귀에서 벗어났다.

할머니의 주름진 얼굴에서 떨어져 내리는 눈물의 끝을 다 보지도 못한 채 우리는 서둘러 차에 올랐다. 오빠는 차창 너머로 흔들리는 할머니의 모습을 보면서 밝게 손을 흔들었다. 오빠의 손끝이 미세하게 떨리는 것 같았다. 오빠는 그 순간 애타게 바랐을 것이다. 손끝의 떨림이 아니라 씩씩하게 웃어 보이는 그 모습만 할머니께서 믿고 기억하시기를.

머뭇거릴 것 없이 참 빨리도 달리는 차 안에서 오빠와 나는 침묵의 숨소리조차 다가오지 못하도록 이야기를 나눴다. 오늘 날씨가 어떻다는 둥, 우리 집 앞에 있는 빵집은 참 맛이 없다는 둥 더할 나위 없이 참으로 시시콜콜한 이야기들이었다. 그것은 이른 봄바람에 스산하게 떨어지는 라일락 꽃잎 같은 눈물보다는 마지막까지 즐겁고 유쾌하게 이별을 맞는 방법을 찾고 있었던 오빠와 나 사이의 말 없는 약속이었다.

"오빠 없는 동안 공부 열심히 하고 부모님 말씀 잘 들어라. 몸

건강히 지내고."

"오빠나 건강 잘 챙기고 항상 몸조심해! 그럼, 나 간다."

씩씩한 인사를 오빠에게 툭 던지듯 내뱉어 두고 차에서 내려 교문을 향하는 내 눈에서 주르륵 눈물이 흘렀다. 오빠가 가는 쪽을 향해 돌아볼 엄두가 나지 않았다. 어디선가 물기를 머금은 후덥지근한 아침 바람에 라일락 향이 묻어오고 있었다.

"고객님의 사정으로 인하여 현재 수신이 불가능한 상태이오니……."

오빠가 입대하고 두 달여가 지나도록 내 휴대폰의 발신 정지 상태는 풀어지지 않았다. 그리고 오늘 아침, 내가 책상에 책가방을 채 풀어 놓기도 전에 영문을 모르겠다는 듯이 묻는 짝의 얼굴을 보고서야 휴대폰의 수신마저 정지되었다는 사실을 알 수 있었다.

"참, 너 휴대폰 정지시켰니? 어제 내가 급하게 물어볼 말이 있어서 전화했었는데 통화가 안 되더라."

"아, 그랬구나……, 사정이 있어서 당분간 정지시켜 놓을 거야. 그런데 오늘이 며칠이지?"

창틈으로 들어오는 빗물을 먹었는지 몸뚱이의 끝 부분을 둥그렇게 말고 있는 달력은 잔뜩 골이 난 채 9월이 되고도 벌써 열흘이 지났다고 나에게 뾰로통하게 일러 준다. 오빠가 입대하던 날 마치 그날이 끝인 것처럼 뜨겁게 몸을 태우던 여름의 바람이 몸에 화염을 묻힌 채로 우리 가족에게 후덥지근하게 불어왔었는데, 벌써 9월이라니. 오빠에게 아무 탈 없이 두 달이라는 시간이 흘러가 주어 너무 감사하다고 생각했다. 한편으로는 경제 불황이라는 덫에 걸려 가엾게 쓰러져 있는 아버지에게 구원의 끈 하나조차 주어지지 않고, 세상으로부터 버려진 것처럼 살아온 날들이 또 그렇게 두 달 흘러갔다는 생각이 들면 쓰도록 짠 소금기를 머금은 눈물이 가슴에 가득 들어찼다.

미처 해결하지 못한 고지서들은 이제 막 물들기 시작한 창밖의 아름다운 단풍들처럼 문 앞에 덕지덕지 붙어 있었다. 깨지고 긁힌 내 휴대폰 액정에는 의미 없는 시간만이 깜박깜박 흘러가고 있었다.

'오빠가 차고 간 전자시계는 지금도 1분 빠르게 흘러가고 있을까?'

난데없이 그런 생각이 들었다. 사람의 손길이 오랫동안 닿지 않아 낯설게만 느껴지는 집 앞마당에는 어느새 부윰한 달빛이 쏟아져 내렸다. 엄마가 생업 전선에 뛰어들면서부터 나는 학교를 마치고 늦은 시간에 집으로 돌아와 현관문 앞에 앉았다가 잠깐씩 서성이곤 했다. 그럴 때면 오빠 생각이 났다.

'여태껏 내 무거운 마음을 오빠에게 반쯤 기대고 있던 거구나. 지금 오빠가 내 곁에 있다면……'

이따금씩 이런 생각이 간절해지는 날들이 있다. 그날도 푸근하게 내리는 달빛에 왠지 모르게 오빠가 보고 싶었다. 차가운 가을 하늘에 청연하게도 걸려 있는 달님에게 기도를 드리는 마음으로 마당 앞을 서너 번 서성거리다가 현관 문 앞에 떨어져 있는 하얀 봉투 하나를 발견했다. 강원도 인제로부터 날아온 오빠의 첫 편지였다. 뛸 듯이 기쁜 마음에 집 안으로 들어가지도 않고, 아직 어둠보다 더 밝은 빛을 뿌리고 있는 달빛을 빌려 계단 앞에 쪼그리고 앉은 채 편지를 읽었다. 오빠는 언젠가 먼 곳으로 야영을 떠나서 보낸 엽서에서처럼 이번 편지에서도 가족들의 안부를 묻고 있었다. 가족들은 다 잘 지내느냐고, 별일은 없느냐고. 그리고 이어지는 군 생활에 대한 이야기가 그래도 나름대로 즐거워 보여 마음이 놓였다.

편지가 다 끝나 간다 싶었는데 오빠는 또 나에게 묻고 있었다. 내 학교생활은 괜찮으냐고, 용돈은 부족하지 않느냐고. 옷장 맨 밑 서랍에 돈 5만 원을 넣어 두었으니 꼭 필요한 곳에 쓰라고. 오빠가 입대하기 며칠 전, 마지막으로 친구들을 만나기에는 용돈이 부족할 거라며 걱정하시던 엄마의 모습이 떠올라 나는 이게 무슨 말인가 싶었다. 오빠의 냄새가 희미해져 가는 옷장 맨 밑 서랍을 열어 보니 꼬깃꼬깃한 돈 5만 원이 들어 있었다. 눈물이 흘렀다. 아이처럼 울음소리가 목구멍에서 터져 나왔다. 이 돈을 남겨 두고 가려고 오빠는 얼마나 아꼈을까를 생각하니 코끝이 찡해 왔다.

푸근한 달빛이 눈처럼 보얗게 쏟아지던 밤이었다. 오빠의 전자시계가 떠올랐다. 또래 친구들보다 더 무거운 세상의 짐을 서둘러져야 했던 탓에 너무 일찍 어른이 되어 버린 우리 오빠처럼, 지금 이 순간에도 오빠의 낡은 전자시계는 1분 빠르게 세상을 향해서 흘러가고 있을 것이다.

그해 겨울

문소현

아주 추운 겨울이었다. 가족들은 온종일 슬픈 얼굴을 하고 있었다. 그날 아빠는 할아버지의 담당 의사로부터 할아버지께서 겨울을 넘기지 못하실 거라는 말을 들었다.

할아버지께서는 병원에 실려 가신 날까지도 농사일을 하셨다. 그런 할아버지께 아빠는 화를 많이 내셨다. 고생은 고생대로 하면서 수익금도 적은 농사일을 그만두라고 오래전부터 몇 번 이야기하셨다.

몇 달 동안 병원 생활을 하고 집으로 돌아오신 할아버지께서는 거동하시기가 힘들었다. 그래서 엄마와 할머니께서 할아버지를 간호했다. 할아버지는 연로하셔서 신체의 모든 기능이 다했다고 했다. 특히 고혈압으로 심장이 매우 안 좋으셨다. 나중엔 소변뿐만 아니라 대변도 받아 내기 힘들었다.

"내가 아무래도 이번 겨울을 넘기지 못할 것 같구나."

할아버지께서는 가끔 아빠의 손을 잡고 이렇게 말씀하셨다. 아빠는 차마 할아버지 앞에서 눈물을 보일 수 없어 입을 꾹 다무셨다. 할아버지께서 겨울을 넘기지 못하실 거라는 의사의 말을 아무도 전한 적이 없지만 할아버지께서는 당신이 떠날 시간을 알고 계셨다.

할아버지께서는 날이 갈수록 쇠약해지셨다. 당시 아홉 살이었던 나는 할아버지께서 살아 계시는 동안만이라도 예전보다 편안하고 행복하시기를 바랐다. 그래서 할아버지 앞에서 유난히 재롱도 많이 부리고 아무렇지도 않은 척했다.

어느 날, 침대에 누워 계셨던 할아버지께서 몸을 일으키시며 가슴을 쿵쿵 두드리셨다. 거동도 하기 힘들어 몇 날 며칠을 침대에 누워만 계셔서 많이 답답하신 모양이었다. 할아버지의 답답함을 어떻게 풀어 드릴까 고민하다가 나는 냉장고를 열고 가을에 따서 꽁꽁 얼린 붉은 홍시를 꺼냈다. 홍시 껍질을 조심스럽게 벗겨 달콤한 홍시를 한 숟가락씩 떠서 할아버지께 드렸다. 할아버지께서는 시원하다며 좋아하셨다.

그런데 밤이 되자 갑자기 심한 열이 나면서 할아버지께서 가쁜 기침을 하시기 시작했다. 모두가 놀라 할아버지 곁으로 갔다. 창백해진 할아버지의 얼굴을 바라보며 엄마는 곰곰이 되짚었다. 그러고 보니 하루 종일 할아버지의 대변을 받아 내지 못했다는 것이다. 엄마는 깜짝 놀라며 침대 옆에 놓인 접시를 보셨다.

"우리 소현이가 할아버지 홍시 드시면 변비가 더 심해진다는 걸 몰랐구나."

순간 깜짝 놀랐다. 난 그저 할아버지께서 답답해 하시기에 어린 마음에 아무것도 모르고 한 일이었는데, 할아버지께 너무 죄송했다.

그해 겨울은 유난히 눈이 많이 내렸다. 할아버지께서는 내리는 눈을 바라보며 눈물을 흘리기도 하셨다. 가슴을 부여잡고 의식을 잃은 적도 있었다. 할아버지께서는 그해 겨울, 세상에서 가장 긴 여행을 떠나셨다. 나는 할아버지께 가는 동안 뿌연 눈으로 창밖만 바라보았다. 할아버지께서는 산속에 말없이 누워 계셨다. 나는 엄마 옆에 기대어 눈을 감았다.

할아버지의 장례식을 마치고 나서 엄마가 가족들의 옷을 장롱 속에 넣고 있을 때였다.

"엄마, 할아버지가 그때 눈치채셨겠지?"

"아마 모르셨을 거야. 몇 달 동안 마루에도 한 번 못 나오시고 누워만 계셨던 분이 뭘 아셨겠어? 나중엔 엄마 얼굴도 못 알아보셨는데……."

"하긴 그래."

"그런데, 네 아버지가 걱정이다. 저렇게 상심하시다 병나시겠어."

매일 점점 더 어두워져 가는 할아버지의 얼굴을 보면서 할아버지께서 오래 살아 계시지 못할 거라는 걸 알고 있었지만 난 희망을 잃지 않았다. 나는 추운 겨울인 12월에도 할아버지의 방에 들어갈 때면 옷을 얇고 화사하게 입었다. 어떤 날은 꽃무늬 카디건을 걸치고, 꽃병을 들고 할아버지의 방에 들어간 적도 있었다. 그해 겨울을 넘기지 못할 거라던 할아버지께 나는 그렇게 해서라도 봄이 왔다는 것을 알려 드리고 싶었다. 한편으로는 홍시 사건에 대한 미안한 마음도 컸다. 내가 드린 홍시 때문에 할아버지께서 좀 더 일찍 하늘나라로 가신 게 아닐까, 늘 마음이 아팠다.

   시간은 모든 것을 데려가 버린다. 하지만 할아버지에 대한 우리들의 사랑은 할아버지께서 계신 멀고 먼 하늘나라까지, 언제까지라도 강물이 되어 소리 없이 흐를 것이다.

상주시 공성면 영오리

문소영

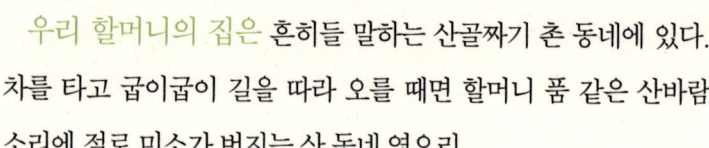

우리 할머니의 집은 흔히들 말하는 산골짜기 촌 동네에 있다. 차를 타고 굽이굽이 길을 따라 오를 때면 할머니 품 같은 산바람 소리에 절로 미소가 번지는 산 동네 영오리.

올해는 연초부터 친척 어른들끼리 쉬쉬하는 소리가 번지더니 결국 할머니 댁에서 계(契)를 한다는 통보가 왔다. 매년 도시를 벗어난 어딘가에 펜션을 잡고 모였었는데, 말로는 할머니 댁이 그나마 가까워서라고 하지만 실은 눈에 띄게 쇠약해지신 할머니를 배려하는 차원에서였던 것 같다.

3월 30일. 웬만해선 잘 못 보는 친척들의 차까지 한 대, 두 대 할머니네 마당에 자리 잡더니 곧이어 명절보다 더 왁자지껄한 소리에 별도 없는 밤하늘이 한가위 보름달 뜬 것마냥 밝아 보였다.

"너는 살이 더 쪘니?", "언니, 흰머리가 왜케 늘었노?", "오빠는 배 쫌 줄이라." 나이 지긋하신 어른들이 언니, 오빠, 삼촌, 숙모 하며 자기 말부터 하기 바쁘다가 일제히 엄마를 찾으며 들어서시는

데 피식 웃음이 났다.

 늦은 저녁을 먹고 큰방에 둘러앉으니, 잠시 동안이었지만 할머니께서 열여덟 살 소녀만큼 환한 얼굴로 이야기보따리를 풀어 놓으셨다. 토끼가 새끼를 낳았는데 아직은 손가락만 해서 볼 수가 없다, 니들이 온다 캐서 손톱을 깎으려니까 손톱깎이가 안 뵌다, 내일은 고마 교회도 접어야지, 나한테는 늘 술이 약이다…….

 줄줄이 나오는가 싶더니 마지막엔 막내 삼촌만 빠진 게 꾀나 서운하셨는지, "경배만 쏙 빠짓네. 지 좋아하는 회도 저키 많은데……." 하시며 심심한 말끝을 흐리셨다.

 할머니네 집은 꽤나 넓은데도 큰아버지가 이번에 별채로 짓게 된 옥돌 방에까지 옹기종기 모여 잘 정도로 우리 집안 식구들은 많았다.

 다음 날 오후 마당에 모두 모여 삼겹살을 구워 먹을 때, 할머니께서 서울에서 내려오신 작은할아버지 할머니와 돌아가신 할아버지 이야기를 도란도란 하고 계시기에 엉거주춤 할머니 뒤로 가 할머니의 처진 어깨를 주무르고 굽은 허리를 두드려 드렸다.

 "아이고, 소영이가 효녀네. 형님은 복 받은 기라."

 "나 가끔 허리 아플 땐 야가 그키 생각나여."

 "그렇제, 그렇제."

 "이래 또 왔다가 가마 코끝이 아파여, 그래."

 할머니께서는 자신의 코를 가리키시고는 내 코가 발개진 걸 보시더니 이내 웃음을 머금으시고서, "그만, 그만. 아이고 시원하다.” 하시며 덩달아 발개진 코를 하고서 일어나 밖으로 나가셨다.

저녁 즈음에는 구석구석 포개 놓은 이불 사이로 손을 휘휘 저어 잃어버린 물건이 없나 찾아도 보고, 다들 집에 갈 채비를 허둥대며 하고 있으려니 할머니께서는 가만히 앉아 틀니를 딱딱 맞부딪치시다가 헛기침 한 번 하시며 일어서서 부엌으로 가셨다.

“니들 다 가면 나는 또 우짤꼬.”

흘리는 말로 자신은 늘 괜찮다, 괜찮다 하시던 게 내 귀에 배어서인지 할머니의 그 한마디가 너무나도 쓸쓸해, 앞이 흐려지고 코끝이 찡해지며 눈물이 났다.

불도 켜지 않은 부엌에서 더듬더듬 술병을 찾아 세월의 물인 듯 훌쩍 삼키시는 할머니를 보다가 더 이상 동요하면 정말 멀리 떠나는 사람인 것처럼 펑펑 울어 버릴까 봐 얼른 그 자리를 비켜 나왔다. 늘 그랬다. 올 때는 웃으며 즐겁게 왔다가 갈 때는 괜히 죄송스런 마음에 어릴 적 끌어안고 자던 곰 인형을 잃어버린 아이처럼 소리 없는 눈물이 나고 어깨가 축 처진 채 돌아서곤 했다.

“할머니 금방 또 올게. 아프지 마요.”

“그래, 그래.”

“전화도 자주 할게……….”

“알았다. 쌔기 타그라.”

우리마저 가고 나면 등 뒤가 허전할 할머니 생각에 눈물이 그렁그렁한 나를 보며 싱긋이 웃어 보이시는 할머니를 나는 꼬옥 안아 드리고서 차에 올랐다.

차에 타고서 할머니께 손을 흔들고 있으려니 할머니께서는 급히 차 문을 여시며 서울 할아버지 손을 잡고, 목메인 칼칼한 목소리로 말씀하셨다.

"아제, 날 따뜻해지거든 또 오세."

"어이, 어이."

서울 할아버지께서도 어찌나 맘이 서글프셨는지 통통한 볼살에 묻힌 눈가 잔주름에 이슬이 송골송골 맺힌 듯 보였다.

그렇게 두어 번의 다짐을 받고서 할머니는 내 볼을 한 번, 할아버지의 손을 한 번 쓰다듬으시더니 가는 길 조심하라며 차창 너머로 또 한 번 싱긋 웃음을 지어 보이셨다. 할머니와 함께 영오리는 은은한 봄 내음으로 우리를 배웅해 주었다.

상주시 공성면 영오리 산골짜기에도 주춤하던 봄이 찾아왔나 보다.

2부
글쓰기의 지겨움

이푸름 | 김명선 | 최윤숙 | 최지현 | 손유라
주한별 | 권미정 | 최우정 | 이정현

작은 이야기

이푸름

눈부신 태양이 저 위에 있다. 하늘에는 구름 한 점 없다. 푸름, 저것은 나의 이름이다. 산을 바라본다. 그 밑에 내가 사는 동네가 보인다. 그리고 강이 보인다. 아름답다. 환하게 피어 있는 개나리들이 너무나도 예쁘다.

'얼마나 보고 싶던 풍경인가……'

거의 일주일 동안 나는 보지 못했다. 너무나도 아름다운 낮의 풍경을. 그리운 느낌이 들었다. 그리고 너무 아름다워서 넋을 잃고 바라보았다.

이윽고 다시 생각을 한다. 이 아름다운 풍경을 가슴속에 담아두고, 걸어오면서 그렸던 이야기를 다시 그리기 시작한다. 나는 언제나 생각을 하고 있다. 그것은 누구에게도 말할 수 없는 작은 비밀이다. 아니, 비밀이 아닌지도 모른다. 그저 말하기 곤란한 이야기이다. 글로 쓴다면 얼마든지 쓸 수 있는, 나만의 세계에서 일어나는 이야기이니까.

상상 속에서 나는 어떤 모습이든 될 수 있다. 그래서 상상하는 것을 좋아한다. 하지만 상상은 언제나 비극적이기에 내 기분을 우울하게 만들곤 한다. 때로는 눈물이 흘렀고, 때로는 분노가 일었다. 그것이 내 머릿속에서 일어나는 작은 이야기이다.

예전에 이런 이야기를 그린 적이 있다. 사랑하는 사람들이 날 두고 떠나가는 그런 이야기. 너무나도 슬퍼서 눈물이 나왔다. 두려웠다. 나를 두고 모두 가 버릴 것 같아서, 그 이야기가 현실이 될 것 같아서……. 하지만 이야기가 끝나면 나는 친구들과 웃고 떠든다. 그리고 그 이야기는 잊혀져 간다. 내 머릿속 한구석에 잠들어 버린다.

정신을 차렸더니 어느새 길을 따라 꽤 많이 걸어왔다. 익숙하고 정겨운 길, 집으로 가는 길이다. 다시 길을 박차고 걸어간다. 그렇게 햇볕이 따스한 길을 걸어가면 너무나도 세상이 아름답게 느껴진다. 내가 살아 있음을 실감하는 길. 그런 길을 걸으면서 생각한다. 비극적인 이야기를 그리지 않는다. 그저 누군가와 이 아름다운 풍경을 언제까지고 바라보는 이야기를 그린다. 그렇게 내 머릿속에 차곡차곡 쌓여 간다. 나의 이야기가…….

언젠가는 이 이야기들을 가지고 책을 써 보고 싶다. 그 책은 아무나 읽지 않았으면 좋겠다. 그냥 나와 가까운 친구들만 읽어 주면 좋겠다. 나는 상상하는 걸 좋아하니까, 그렇게 이야기를 그려서 보여 주고 싶다. 슬픈 일도, 기쁜 일도, 화 나는 일도, 모두 사랑스럽게 느껴지는 이야기들을.

얼마나 걸릴지 모른다. 하지만 난 글을 쓰는 동안 행복할 것이다. 글을 써 내려가는 즐거움은 마치 상상으로 이야기를 그려 가는 것과 비슷한 느낌이다. 손을 키보드에 올려놓으면 쓰고 싶은 이야기가 잔뜩 떠오른다. 쓰고 싶다. 나는, 나의, 나만의 이야기를 쓰고 싶다. 그리고 보여 주고 싶다. 얼마나 걸릴지, 내가 완성할 수 있을지는 모르겠지만……

풍경은 아직도 눈부시다. 물은 흘러가는 소리조차 들려주기 싫다는 듯 조용하게 흘러간다. 그 위로 개나리가 피어 있다. 노랗게 핀 개나리가 수줍게 인사하는 듯 보인다. 하늘에는 구름 한 점 없다. 이런 하늘이 나의 이름이다. 아빠는 하늘을 보고 내 이름을 지으셨다. 푸름, 하늘처럼 푸르게 자라기를 기원하는 마음으로 내 이름을 지으셨다. 가만히 눈을 감고, 고달픈 일을 마치고 회사를 나서는 아빠의 모습을 상상해 본다. 아빠도 이런 느낌이었을까? 그대로 하늘에 빨려들어 갈 것 같은 이 기분…….

하늘 보기를 마치고 다시 길을 걸어간다. 파란색 지붕, 우리 집이 보인다. 하나의 이야기가 끝이 났다.

무료한 주말의 소중함

김명선

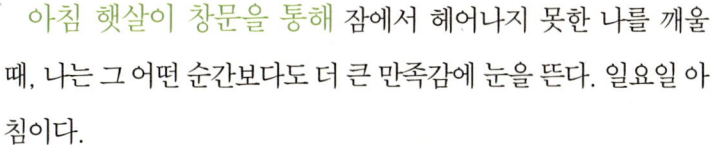

아침 햇살이 창문을 통해 잠에서 헤어나지 못한 나를 깨울 때, 나는 그 어떤 순간보다도 더 큰 만족감에 눈을 뜬다. 일요일 아침이다.

누구에게나 주말은 소중하고 일상생활을 영위할 수 있게 도와주는 소중한 원동력이다. 나에게 주말은 무료하며 단조로운 날들이지만 다른 어떤 행동을 하는 것보다도 많은 기쁨을 안겨 준다. 주말이 선물해 준 늦잠을 환영하며 아침을 맞이해 느긋하게 식사를 마친 나는, 초조함으로 가득 차 학교를 향해서 달려가던 어제의 나와는 다르다. 책으로 가득 찬 가방을 들었던 두 손에는 읽고 싶은 책을 쥐고 있으며, 불에 데기라도 한 듯 급히 뛰던 다리는 침대 위에 부드럽게 뻗고 있다. 포근한 침대에 누운 채 따뜻한 햇볕을 받으면서 내가 좋아하는 가수의 음악을 듣고 좋아하는 책을 읽으며 보내는 시간을 나는 가장 좋아한다.

이렇게 아침 시간을 보낸 후에는 내일 제출해야 할 학교 과제를 살피고, 과제를 마치고 나서는 학교에서 늦게 돌아와 보지 못했던 드라마들을 본다. 물 흐르듯 시간이 지나가 어느새 저녁 시간이 다가오면 좋아하는 연예인이 나오는 오락 프로그램을 즐기면서 웃고 떠드는 한편, 시간이 흐르는 것에 대한 아쉬움과 다음 날 학교에 갈 생각으로 우울함에 젖어든다. 매일 가는 학교이고 단지 주말이 끼여 있을 뿐인데, 일요일 저녁이 되면 왜 그렇게 기분이 저조한지 모르겠다. 학교에 단지 하루 안 간 차이가 이렇게 크다니. 주말의 마지막을 장식하는 〈개그 콘서트〉의 엔딩곡을 듣는 나는 이미 기분이 최저에 달해 있다. 하지만 월요일이 시작되면 언제 우울했느냐는 듯 나는 오늘의 여유로움을 잊은 채 다시 학교를 향해 달려갈 것이다.

예전에 보았던 유머 책에서 세상에서 가장 빠른 말이 무엇이냐고 묻기에 답을 곰곰이 생각해 본 적이 있다. 오랫동안 고심한 끝에 생각해 낸 답은 '적토마'였지만, 정답은 '주말'이어서 웃음을 터뜨렸다. 당시에는 웃고 넘긴 난센스였지만 다시 떠올려 보니 주말만큼 빠른 말이 없다는 데 충분히 공감한다.

빠른 일상에 익숙해진 사람들은 주말의 여유로움을 모른 채 넘어가는 경우가 허다하다. 이런 사람들에게 행복이란 물질적인 것뿐일까? 그들에게는 안정된 미래를 위해 끊임없이 일하는 것이 현재의 시간을 즐기는 것보다 가치 있는 것일까? 나는 미래를 위해 현재를 버리는 것은 어리석은 자만이 하는 행동이라고 생각한다. 훗날 후회하더라도 그것을 보상해 줄 사람은 아무도 없다.

대부분의 사람들은 주말에 취미 생활을 하거나 처리하지 못한 업무를 보는 데 많은 시간을 할애한다. 주말에 의미를 부여해야 한다고 생각하는 경우가 많다. 하지만 자기 자신이 원하는 일을 즐겁게 한다면, 설령 그것이 아무런 의미를 가지고 있지 않은 일이라고 해도 자신이 원하고 즐기는 일을 한다는 그 자체만으로도 의미가 있다.

고단한 하루하루를 보내고 나서 맞이하는 주말은 힘든 노동에 대한 값진 보상이다. 주말은 일주일의 마무리이기도 하지만 새로운 시작을 의미하기도 한다. 어떻게 마무리하느냐에 따라서 다음 일주일의 기분이 결정되기도 한다. 너무나도 빠른 일상 속에서 자신이 무엇을 했는지도 기억하지 못하는 삶보다 느긋하고 천천히 하고 싶은 일을 즐기는 것, 그리고 무엇을 해야 자신에게 가장 큰 이익으로 돌아오는지 따지는 것보다 내가 무엇을 해야 지금 이 순간을 즐겁고 행복하게 보낼 수 있을지 생각하는 것이 먼 훗날 내게 더 많은 득이 되어 돌아오지 않을까?

글쓰기의 지겨움

최윤숙

칠흑같이 어두운 밤이라는 게 이런 것일까? 창밖에는 오직 어둠만이 존재할 뿐이다. 아니, 어둠조차도 존재하지 않는 듯하다. 창문이 흔들린다. 딱 맞는 알루미늄 새시가 아니어서인지 어딘가 부실한 우리 집 창문은 작은 바람에도 많이 흔들린다. 창문을 여니 차가운 바람이 밀려들어 온다. 좀 춥지만 상쾌하다. 무더위에 지쳤던 지난여름의 흔적은 어디에도 없다.

이렇게 상쾌하면서도 편안한 초가을 밤에 내가 밤늦도록 깨어 있는 이유는 '글'을 쓰기 위해서다. 그런데 도무지 어떻게 써야 할지 몰라 한숨만 내쉬며 허공을 바라본다. 그러다 잠시 종이 위로 눈을 돌렸다가 또다시 허공을 바라보며 멍하니 앉아 있다. 꽤 고민이 많은 사람처럼.

원래 글쓰기라면 소질이 없는 나는 글쓰기 숙제를 해야 할 때마다 남들보다 갑절의 시간은 더 보내는 듯하다. 글쓰기 숙제가 떨어진 그날부터 걱정과 고민은 시작되어 막상 글을 쓰는 시간보다

'어떻게 해야 하지? 에라 모르겠다. 근데 어쩌지?'라며 걱정을 하는 데 시간을 더 많이 보낸다. 그동안의 스트레스는 말로 다 할 수가 없다. 또 일단 글을 쓰기 시작하면 연필을 던져 버렸다가 다시 잡기를 반복한다.

내가 이 글을 쓰기 시작한 지도 벌써 2주째이니, 천성인 게으름이라는 요인을 제외하고 생각해 봐도 나의 글쓰기 실력은 형편없는 것이다. 글을 쓴다는 것은 나에게 너무 귀찮고 힘든 일이다. 그만큼 자신 없고 하기 힘든 글쓰기를 또 해야 하는 이 밤은 너무나도 슬픈 밤이다. 게다가 수필이라니! 대체 뭘 어떻게 써야 할지 몰라 글쓰기에 대한 나의 고민을 이렇게 끼적여 보고 있는 것이다. 소설가 김훈은 '밥벌이의 지겨움'에 대하여 말한 적이 있는데, 난 지금 '글쓰기의 지겨움'에 대하여 말하고 있는 것이다.

살짝 열어 놓은 창문 사이로 들어오는 시원한 바람을 온몸으로 느끼며 글쓰기에 대하여 고민하고 있자니, 정신은 더욱 또렷해지는데 시름은 점점 깊어져서 글쓰기는 더욱 어려워진다. 도대체 무엇을 어떻게 써야 한단 말인가!

세상에는 시인도 많고, 소설가도 많고, 수필가도 많다. 이런 '글쟁이'들뿐만 아니라 세상의 모든 예술가들을 보면서 나는 가끔 한탄한다. 하느님은 공평하다는데, 이들에게는 넘치도록 준 예술적 재능을 나에게는 왜 조금도 나누어 주지 않았을까? 모차르트에게도, 반 고흐에게도, 미술 학도인 친구에게도, 글 잘 쓰는 옆 짝꿍에게도 골고루 나누어 준 재능을 왜 나에게는 조금도 주지 않은 걸까? 아니, 숨겨진 나의 능력을 내가 발견하지 못하고 있는 것은 아닐까? 그렇다면 나는 그것을 어떻게 발견해 내야 할까? 나의 고민과 괴로움은 점점 더해 간다.

그런데 느닷없이, 정말 느닷없이 시인 윤동주가 떠올랐다. 많은 사람들이 '저항 시인'이라고 부르는 시인 윤동주. 나도 수업 시간에 그렇게 배웠고, 또 그렇게 생각해 왔다. 그런데 얼마 전에 그의 시집을 읽어 보고는 그 생각이 바뀌었다. 그는 그 나이에 누구나 할 수 있는 자기 자신에 대한 고민을 한 순수한 청년이었고, 그 고민과 갈등이 다른 사람들보다 좀 더 치열했을 뿐이다. 안타깝게도 그가 살았던 시대가 일제 강점기였기에 후대 사람들이 '저항적'이라 부르는 면모를 보였던 것이리라.

> 창밖에 밤비가 속살거려
> 육첩방(六疊房)은 남의 나라,
>
> 시인이란 슬픈 천명(天命)인 줄 알면서도
> 한 줄 시(詩)를 적어 볼까,
>
> 땀내와 사랑내 포근히 품긴
> 보내 주신 학비 봉투를 받아
>
> 대학 노트를 끼고

늙은 교수의 강의 들으러 간다.

생각해 보면 어린 때 동무들
하나, 둘, 죄다 잃어버리고

나는 무얼 바라
나는 다만, 홀로 침전(沈澱)하는 것일까?

인생은 살기 어렵다는데
시가 이렇게 쉽게 쓰여지는 것은
부끄러운 일이다.

— 윤동주, 〈쉽게 쓰여진 시〉 중에서

나는 이 시를 볼 때마다 그의 아픔보다 먼저 떠오르는 것이 있다. 도대체 어떻게 시가 쉽게 써진다는 것일까! 얼마만큼의 재능과 노력이 있었기에 시 쓰기가 쉽다고, 저토록 쉽게 말할 수 있는 걸까?

'윤동주, 일제 강점기, 시인, 〈하늘과 바람과 별과 시〉, 멋진 청년, 〈자화상〉, 〈별 헤는 밤〉, 저항 시인, 독립투사, 감옥, 자기 자신과 시대 상황에 대해 치열하게 고민한 사람, 만주, 요절…….'

나는 윤동주를 떠올리며 그의 고민과 그가 느꼈을 아픔을 짐작해 보면서 내가 글쓰기를 어려워하는 이유를 생각해 본다. 아무래도 나에게는 '고민'이 부족한 것 같다. 지금까지 나는 조금의 어려움도 없이 주위 사람들의 도움으로 커 왔다. 부모님, 언니들, 이웃의 아주머니 아저씨, 선생님, 친구들……, 그들이 내가 겪어야 할 어려움들을 모두 대신 겪어 주었고 나는 마치 온실 속의 화초처럼 자란 것이다. 목마를 때 물을 주고, 때가 되면 가지치기도 해 주는 온실 속에서 너무나도 쉽게 살아왔다. 그러니 나와 내 주위 상황에 대해 고민하고 갈등할 필요가 없었던 것이다.

'나'에 대한 진지한 반성 없이 겉보기에 멋있어 보이는 번지르르한 글만 쓰려다 보니 진실한 글을 쓸 수 없었다. 잘 써야 한다는 생각 때문에 오히려 글을 잘 쓸 수 없었다. 오직 나에게만, 내 것에만 집착하여 내 주변에서 글의 소재를 찾으려는 아주 적은 관심도 갖지 않았으니 재미있고 진솔한 글을 쓸 수 없었다. 좁은 시각으로만 살고, 많은 것들을 느끼고 경험해 보지 않아서 직접 경험해 보지 못한 일들에 대한 단편적인 지식 따위들을 나열하는 진부한 글을 쓸 수밖에 없었다. 글을 잘 쓰려는 어떠한 노력도 하지 않았으니 하고 싶은 말이 있어도 제대로 전달하지 못했고, 나를 제대로 표현하는 글을 쓸 수도 없었다. 또 책과는 담을 쌓고 17년을 살아왔으니 지식과 사고의 폭도 아주 좁아 글을 잘 쓸 수 없는 것은 당연한 결과였다.

그렇다면 글쓰기에 대한 고민으로 가득 찬 이 조용한 밤에 내가 해야 할 일은 '자아 성찰'이다. 윤동주, 그가 우물 속의 자신의 모습을 미워하다가 가엾게 느끼다가 그리워했던 것처럼, 거울을 보며 끝없이 부끄러워했던 것처럼 나는 나 자신과 나의 생활, 나의 어린 생각에 대하여 냉정하게 반성해 보아야 할 것이다.

젊어서 고생은 사서도 한다지만 고생을 사서까지 할 용기는 없다. 일부러 어려움을 찾아내어 경험해야 할 필요도 없을 것이다. 내게 필요한 것은 내 자리에서 '나'를 찾으려는 노력, 나에 대한 끊임없는 반성, 그리고 가끔씩 찾아오는 작은 시련들을 통해서 더욱 성장하고 새로워져야 하는 것이다.

막연한 동경의 대상이었던 윤동주가 이제는 좀 더 친근하게 느껴진다. 글쓰기는 여전히 어려울 듯하지만 오늘 밤에 나는 이것으로 만족한다.

변검 마술사

최지현

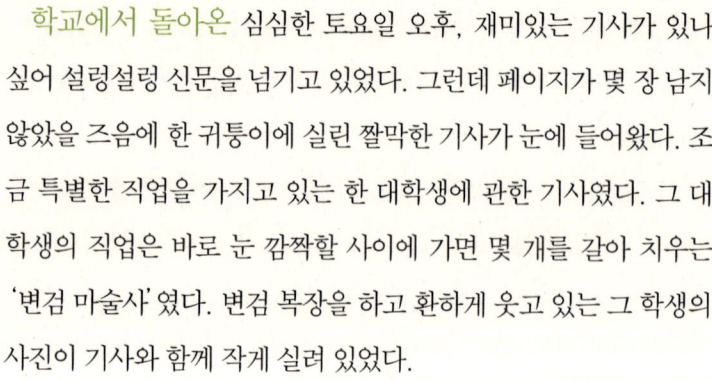

　학교에서 돌아온 심심한 토요일 오후, 재미있는 기사가 있나 싶어 설렁설렁 신문을 넘기고 있었다. 그런데 페이지가 몇 장 남지 않았을 즈음에 한 귀퉁이에 실린 짤막한 기사가 눈에 들어왔다. 조금 특별한 직업을 가지고 있는 한 대학생에 관한 기사였다. 그 대학생의 직업은 바로 눈 깜짝할 사이에 가면 몇 개를 갈아 치우는 '변검 마술사'였다. 변검 복장을 하고 환하게 웃고 있는 그 학생의 사진이 기사와 함께 작게 실려 있었다.
　호기심에 기사를 읽어 내려갔다. 옛날 중국 영화에서나 볼 법한 그런 마술을 하는 사람이 있다는 것이 신기했고, 또 우리나라에 10명도 채 안 된다는 변검 마술사라는 직업을 어떻게 선택할 생각을 했는지 궁금했다. 그런데 그 기사에서 스무 살의 젊은 학생은 이렇게 말하고 있었다. 내가 하고 싶은 것을 할 수 있어서 정말 행복하다고, 나를 보면서 박수를 쳐 주고 즐거워해 주는 사람들을 볼 때마다 이 직업을 가진 것에 대해 정말 감사하다고.

참 멋있는 사람이라고 생각하면서 그냥 지나칠 수 있는 기사였는데 순간 엉뚱한 생각이 들었다. '이 사람이 변검 마술사를 하겠다고 했을 때 주위에서 말리지는 않았을까?' 분명 순탄하지만은 않았을 것이다. 수입도 불안정하고 또 미래에 대한 보장도 없는, 국내에 얼마 존재하지도 않는 그런 특별한 직업을 갖겠다고 했을 때 부모님이나 주변에 많은 사람들이 얼마나 만류했을까? 변검 마술사라는 직업은 세속적인 기준과는 맞지 않는다. 그렇기 때문에 그 길을 선택하고 전문 변검 마술사로 당당히 서기까지 많은 어려움이 있었을 것이다. 하지만 그럼에도 그는 포기하지 않았고, 그랬기 때문에 지금의 그는 희소성 있는 인간 문화 자원이 되었다. 많은 사람들에게 변검 공연을 보여 주면서 웃음과 즐거움을 주고, 또 그로 인해 그는 행복한 하루하루를 보내고 있다.

이 변검 마술사의 살아온 이야기를 통해서 내가 그동안 나의 미래에 대해 어떻게 생각해 왔는지 돌이켜 보게 되었다. 지금의 나에게는 뚜렷한 목표 의식이나 이렇다 할 꿈이 없다. 이제까지는 그 이유가 내가 진정으로 하고 싶은 것을 만나지 못했기 때문이라고 생각했는데, 변검 마술사에 대한 기사를 읽고 나니 그게 아닐지도 모른다는 생각이 들었다.

나는 직업에 대해 생각하거나 나의 장래에 대해 고민하면서 무언가 하고 싶은 일이 있더라도 항상 안 될 것을 먼저 생각했던 것 같다. 혹시 이 직업을 선택하면 돈을 많이 못 버는 것은 아닐까, 주위에서 이상하게 생각하는 것은 아닐까, 사회적 지위는 어떨까 하면서 재고 따지기에 급급했던 것이다. 그러면서 정말 내가 하고 싶은 것은 무엇인지에 대해 진지하게 생각해 보지 않았다. 험난하고 외로운 과정을 이겨 내고 변검 마술사로서 당당히 원하는 꿈을 이룬 그에 비해 나는 너무도 초라해 보였다. 진정으로 자신이 원하는 것을 향해 달려가는 열정이 나에겐 없었던 것이다.

그런 생각 끝에 나는 곧바로 책상에 가서 앉았다. 텔레비전도 끄고 휴대 전화도 잠시 치워 놓았다. 그리고 나의 장래에 대해 진지하게 생각하기 위해 집중했다. 그동안 재고 따지면서 포기했던 직업들이 떠올랐다. 글 쓰는 것이 좋아서 작가를 꿈꿨던 적이 있었는데, 작가가 되면 돈도 못 벌고 잘 쓰는 사람이 워낙 많아서 묻히고 말 거라는 친구들의 말에 고민하다가 결국 포기했던 일이 가장 먼저 떠올랐다. 지금 생각하니 참 바보 같은 일이었다. 글 쓰는 일은 내가 하고 싶은 일이고, 즐거운 마음으로 그 일을 하다 보면 돈을 좀 못 벌더라도 행복하고 보람되게 살 수 있을 것이다. 또 내가 열정을 가지고 열심히 하다 보면 언젠가 사람들이 내 글을 알아줄지 누가 알겠는가?

나는 아직 어리고 내 앞엔 무궁무진한 인생이 펼쳐져 있다. 작가뿐만 아니라, 정말 내 인생을 다 바쳐서 하고 싶은 일이 내 앞에 나타날지도 모른다. 그런 무한한 가능성을 스스로 닫아 버린 채 벌써부터 몸을 사리고 이것저것 재 가면서 산다면 정말 시시하고 지루한 인생을 살게 되지 않을까? 오로지 돈, 명성, 안정성을 좇아 나의 길을 선택한다면 난 변검 마술사만큼 행복할 수 없을 것 같다.

그 행복은 진정 자신이 열정을 다해 원하는 일을 함으로써 느낄 수 있는 것이니 말이다.

잊었던 것들을 추억하며

손유라

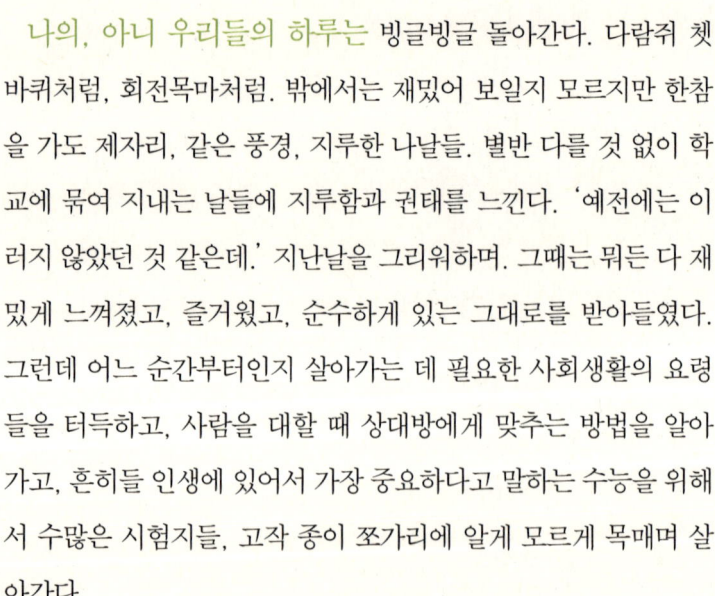

나의, 아니 우리들의 하루는 빙글빙글 돌아간다. 다람쥐 쳇바퀴처럼, 회전목마처럼. 밖에서는 재밌어 보일지 모르지만 한참을 가도 제자리, 같은 풍경, 지루한 나날들. 별반 다를 것 없이 학교에 묶여 지내는 날들에 지루함과 권태를 느낀다. '예전에는 이러지 않았던 것 같은데.' 지난날을 그리워하며. 그때는 뭐든 다 재밌게 느껴졌고, 즐거웠고, 순수하게 있는 그대로를 받아들였다. 그런데 어느 순간부터인지 살아가는 데 필요한 사회생활의 요령들을 터득하고, 사람을 대할 때 상대방에게 맞추는 방법을 알아가고, 흔히들 인생에 있어서 가장 중요하다고 말하는 수능을 위해서 수많은 시험지들, 고작 종이 쪼가리에 알게 모르게 목매며 살아간다.

평소에는 일상에 쫓겨 그냥 남들 하듯이 살아가다 가끔씩, 아주 가끔씩 이런 생각들이 떠오르는 바람에 예전의 나와 뭔가 어긋나 버린 듯한 내 모습에 우울해 하고, 억울해지곤 한다. 예전의 나는 꿈도 많았고, 뭐든지 할 수 있을 것만 같았고, 겁도 없었고, 세상 모두가 마치 내 것인 양 쥐락펴락할 수 있을 것만 같았는데. 나는 그때에 비해 몸도 마음도 계속 자라 왔는데, 왜 반대로 자꾸만 작아지고 있는 것 같은 느낌이 드는 걸까? 참으로 알 수 없는 일이다.

문득 뒤돌아봤을 때, 난 이미 이만큼 와 있었다. 앞에서 달리는 아이들에게서 멀어지지 않기 위해서, 옆에서 달리는 아이들에게 뒤처지지 않기 위해서, 뒤쫓아 달려오는 아이들에게 따라잡히지 않기 위해서 쉴 새 없이 달리는 동안, 난 내가 힘들다는 걸 느끼지 못할 만큼 지쳐 버렸는지도 모른다.

가끔 뭔가를 두고 온 듯한 기분이 든다. 무언가 아주 중요한 것을. 아무래도 그 길고 긴 달리기를 하는 동안 떨어뜨리고 온 것만 같다. 뭐가 그리 급했던 걸까? 나는 서두르지 않았던 것 같은데……. 아무래도 나는 이 길을 엉겁결에 이만큼 와 버렸기 때문에, 내가 지나온 길에 대해 남들보다 더 많이 고민하고 생각하게 되는 것일까?

내가 그동안 지나쳐 온 짧다면 짧고 길다면 길다고 할 수 있는 길을 돌아보았을 때, 그 길들이 보이지 않았다. 보이지 않는 길을 볼 수는 없다. 어쩌면 내가 이미 보이지 않는 것까지도 볼 수 있었던 시절을 지나쳤기 때문인지도 모르겠다. 커 갈수록 내 자신이 작아지고 초라해지는 것처럼 느껴지는 것도 그 때문일까? 그 길들을 볼 수 있다면 난 작아지지도 않고, 망설임도 고민도 줄어서 엉겁결에 길 저편에 가 있는 것 같은 그런 상황에서 벗어날 수 있는 걸까?

문득 어린 시절에 즐겨 읽었던 《어린 왕자》에서 여우가 어린 왕자에게 했던 말들이 떠올랐다.

"아주 간단한 거야. 잘 보려면 마음으로 보아야 해. 가장 중요한 것은 눈에는 보이지 않거든."

"네 장미가 네게 그다지도 소중한 것은 그 장미를 위하여 공들인 시간 때문이야."

"사람들은 이런 진리를 잊고 있어. 그러나 너는 그것을 잊어서는 안 돼. 언제나 네가 길들인 것에 대해서는 책임을 져야 해. 넌 네 장미에 대해 책임이 있는 거야……."

어린 시절의 나라면 절대로 잊지 않았을, 굳이 누군가 말해 주지 않아도 잘 알고 있었을 이야기들이다. 바쁜 생활 속에 묻혀서 어느새 망각해 버리고 만 이야기들.

이젠 잊지 않기를, 내가 잊어버리고 산 진리들을. 앞만 보고 달려가다 떨어지지 않도록, 분명하지도 확실하지도 않았지만 빛나고 희망찬 미래를 그리던 나의 어릴 적 모습을 가끔은 멈춰 서서 생각하고 기억하기를…….

여우의 말이 오랫동안 내 가슴속에 남아 있었으면 좋겠다. 그래서 가장 중요한, 보이지 않는 것들을 놓치지 않도록. 내가 혹여 모든 것을 다 포기하고 싶은 순간이 와도 포기하지 않고 일어설 수 있도록.

    나는 거울을 통해 사물을 비추듯 현재의 나를 통해 예전의 나를 돌이켜 봤다. 그러다 보이지 않던 길을 발견했다. 어쩌면 나는 내가 가던 길을 급히 가느라 소중한 그 길을 또다시 잊어버리게 될지도 모르지만, 이제는 괜찮다. 그 길은 항상 같은 자리에 있고, 앞으로 나는 얼마든지 그 길을 다시 찾을 수 있을 테니까.

    이제 나는 너무 자라 버려서 어린 왕자의 별과 같은 나의 빛나던 어린 시절로 돌아갈 수는 없다. 알 수 없는 나의 길을 향해 계속 앞으로 걸어 나가야 한다. 하지만 그 대신, 빛나던 어린 시절만큼이나 반짝이는 밤하늘 별들을 바라보며 그때를 꿈꾸고 추억할 수 있다.

    나는 오늘도 반짝이는 밤하늘의 별들을 보며 꿈꿔 본다. 잊었던 것들을 추억하며.

동안(童顔)

주한별

　세대를 불문하고 흔히 쓰이는 단어, '동안.' 어린아이의 얼굴 혹은 나이 든 사람이 지니고 있는 어린아이 같은 얼굴. 우리가 흔히 쓰는 '동안'의 사전적 의미는 아마도 후자일 것이다. 추석이나 설 같은 명절 때면 텔레비전 프로그램에서 '동안 선발 대회'를 매년 열 정도로 동안이라는 단어 또는 그 의미는 이 시대의 트렌드가 된 듯하다.
　언젠가부터 동안이라는 단어가 보편화되면서 동안인 사람들은 예쁘고 잘생기지 않아도 동안이라는 이유 하나만으로도 주목받을 수 있게 되었다. 반면에 동안이 트렌드가 되면서 본의 아니게 피해를 보는 사람도 생겨났다. 그중에 한 명이 나라고 나는 당당히 말할 수 있다. 나이에 비해 동안인 사람들이 주목을 받는 만큼 나이 들어 보이는 얼굴을 가진 일명, '노안(老顔)'인 사람들도 갑자기 주목을 받기 시작했기 때문이다. 나는 열여덟 살이지만 이제껏 얼굴을 보고 내 나이를 맞힌 사람은 한 명도 없었다.

나는 아주 어릴 때부터 나이에 비해 성숙해 보인다는 말을 듣고 자랐다. 초등학생 때는 중학생 같다, 중학생 때는 고등학생 같다, 고등학생이 되니 어딜 가나 아가씨라는 말을 듣고 다닌다. 초등학교 때 중학생처럼 보였으니, 중학생이 되면 중학생처럼 보이게 될 거라고 생각했던 건 나의 착각이었다. '나이 들어 보이는 얼굴' 때문에 친구들 사이에서도 궂은일은 몽땅 내 차지였다. 하루 종일 힘들게 아르바이트를 하고 나서도 악덕 주인에게 급료를 받지 못한 친구를 위해 언니 행세를 하며 돈을 받아 준 것도, 화장품 가게에서 종업원이 실수로 내준 화장품 세트를 사은품인 줄 알고 몽땅 받아 온 친구에게 괜한 해코지를 하는 화장품 가게 종업원을 상대로 사촌 언니 행세를 하며 맞서 준 사람도 나였다. 그래도 그때까지는 내 얼굴이 나이 들어 보여도 그렇게 심하지는 않을 거라고 생각했기 때문에 노안인 얼굴 때문에 스트레스를 받거나 하지는 않았다.

내가 노안인 얼굴 때문에 충격을 받기 시작한 건 작년 여름부터였다. 작년 여름, 친구의 등본을 떼러 동사무소에 함께 간 적이 있었다. 그때 친구는 학생증만 가지고도 등본을 뗄 수 있는 줄 알았는데, 뜻밖에도 보호자가 함께 와야 등본을 뗄 수 있다는 것이었다. 그때까지만 해도 분명 괜찮았다. 아쉬워하며 발걸음을 돌리려는 친구를 의아하게 보던 동사무소 직원이 던진 말 한마디, "뒤에 계신 분 보호자 아니세요?" 이 말을 들은 친구는 너무 웃겨서 다리에 힘이 풀려 그 자리에 주저앉았고, 난 제발 '뒤에 계신 분'이 내가 아니길 빌었지만 그 말을 한 직원과 눈이 마주침과 동시에 발끝에서 머리끝까지 창피함과 수치심이 뒤섞여 올라왔다. 상황의 심각성을 느낀 건 그때부터다. 아무리 성숙해 보인다고 할지라도 동갑내기 친구의 보호자 소리까지 듣다니, 정말로 내가 그렇게 삭은 얼굴이란 말인가!

그때를 기점으로 난 이전과 달리 예민하게 이 문제를 다루기 시작했다. 한때는 나이보다 성숙해 보이는 얼굴로 인해 알게 모르게 약간의 자만심도 가지고 있었는데, 이제는 상황이 완전히 달라진 것이다. 누군가 괜히 얼굴에 관해 얘기만 해도 시비가 붙어 싸우기 일쑤였다. 시내를 지나가다 휴대 전화 사라는 소릴 듣고, "미성년자예요."라고 말하며 지나가려는데 나의 팔을 붙잡고는 진짜 미성년자냐고 대뜸 묻던 휴대 전화 판매원과도 싸우고, 화장품 가게에서 회원 카드를 만들기 위해 주민등록 번호를 직원에게 알려 줄 때도 종업원들의 의심스러운 눈총을 받아야 했다.

뿐만 아니라 1학년 가을 소풍 때는 공개적으로 망신을 당하기도 했다. 다른 아이들과 함께 어울려 직지사(直指寺) 입구로 들어가는데, 경비 아저씨가 갑자기 어디선가 튀어나와서 내 팔목을 붙들었다. 무슨 영문인지 몰라 어리둥절해 하고 있는데 아저씨께서는 내가 학생이 아니라는 것이었다. 내 팔을 붙잡고 이쪽으로 걸으면 안 된다고 자꾸 나오라고 하시는 경비 아저씨. 주위에서는 웃어 대고 나는 영문을 모른 채 눈만 멀뚱히 뜨고 있었다. 옆에서 친구들이 계속 학생이라고 말하자 진짜 학생이냐고, 선생님 아니냐고 말씀하시는 경비 아저씨. 기분이 나빠져 손을 확 뿌리치고 계속 티격태격하고 있는 도중에 선생님께서 달려오셔서 학생이라고 해명을 해 주셨다. 그래서 겨우 가던 길을 다시 걸어갈 수 있었지만, 그날의 치욕은 진짜 평생 못 잊을 것 같다. 그 덕분에 공개적으로 내가 노안이라는 사실이 증명되었다. 아직도 친구들과 함께 있으면 그날 일이 놀림거리가 되곤 한다. 이 외에도 노안에 관련된 무수한 사건들이 나에게는 많이 있지만, 이젠 그냥 그러려니 한다.

  동안이 트렌드가 될 수 있었기에 노안인 나도 주목을 받을 수 있었던 게 아닐까? 지금은 또래 친구들보다 성숙한 얼굴로 주위에서 놀라워하지만 아마 10년이나 20년 후에는 내가 그 친구들보다 더 동안이 되어 있을 거라는 작은 희망을 나는 아직도 버리지 않고 있다.

거울

권미정

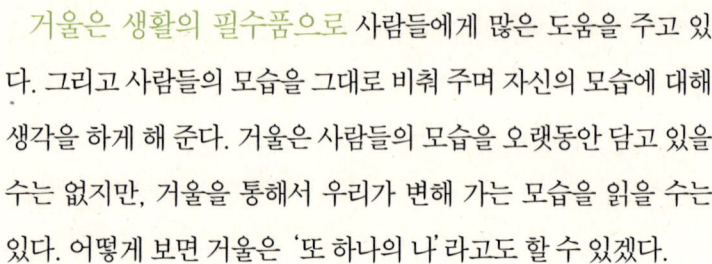

　거울은 생활의 필수품으로 사람들에게 많은 도움을 주고 있다. 그리고 사람들의 모습을 그대로 비춰 주며 자신의 모습에 대해 생각을 하게 해 준다. 거울은 사람들의 모습을 오랫동안 담고 있을 수는 없지만, 거울을 통해서 우리가 변해 가는 모습을 읽을 수는 있다. 어떻게 보면 거울은 '또 하나의 나'라고도 할 수 있겠다.

　모든 사람들이 그렇겠지만 나는 하루도 빠짐없이 거울을 본다. 자랑은 아니지만, 거울을 보는 만큼 책을 읽었다면 지금까지 수천 권의 책을 읽었을 것이다. 이렇듯 나는 거울 보는 것을 무척이나 좋아하는데, 예전부터 거울 보는 것을 좋아했던 것은 아니다.

　초등학생 때 나는 어떤 일을 하려면 무척이나 많이 망설였고, 자신감을 가지고 시도를 해 본 적이 없었다. 또 사람들을 대하는 것도 많이 꺼렸고 잘 웃지도 않았다. 자신감 없는 눈으로 거울에 비친 내 얼굴을 볼 때 '내 얼굴은 왜 이렇게 못생겼지?'라는 생각으로 나를 낳아 주신 부모님을 원망할 때도 있었다. 그렇게 나의 있는 그대로를 조금의 거짓도 없이 비춰 주는 거울이 너무나도 싫었다.

  누구나 한 번쯤은 읽었을 〈백설 공주〉라는 동화에도 거울에게 누가 가장 아름다운가를 물으며 자신보다 아름다운 사람에게 나쁜 짓을 일삼는 백설 공주의 계모인 왕비가 등장한다. 거울은 왕비의 못된 횡포를 막기 위해서 거짓말을 했어도 될 법한데 언제나 진실만을 말했다. 지금도 거울은 있는 그대로의 모습만을 비추고 있다.

  어느 해 봄, 서로 더 아름다운 꽃을 피우려는 나무들에게 샘이 난 나는 거울을 보며 이 옷을 입었다, 저 옷을 입었다를 반복하며 하루 종일 거울 앞에서 보낸 적이 있다. 이런 나를 바라보시던 엄마가 "거울 뚫어지겠다. 벌써 몇 시간째니? 그럴 시간에 책이라도 한 줄 더 보겠다."라며 핀잔을 주셨다. 나는 불만이 가득한 말투로 "마음에 드는 옷이 없잖아요. 엄마, 새 옷 좀 사 주세요."라고 말했다. 엄마는 안 된다면서 지금 집에 있는 옷을 입으라고 하셨다. 다음 날 소풍 갈 때 예쁜 옷을 입고 친구들 앞에서 뽐내고 싶었던 나는 화가 나서 방으로 들어가 울음을 터뜨리고 말았다. 우리 집안 형편이 찢어지게 가난한 것도 아닌데 소풍 가서 초라하게 보일 것을 생각하니 눈에서 눈물이 절로 흘렀다.

  엄마는 방으로 들어오셔서 얼굴이 퉁퉁 부은 나를 토닥이며 조용히 타이르셨다.

  "미정아, 겉모습만이 전부가 아니야. 엄마도 어릴 적에 미정이처럼 예쁘게 꾸미고 싶었지만 형편이 안 돼서 그렇게 하지 못했어. 하지만 그것이 모두 소용없다는 것을 나중에야 깨달았어. 아무리 아름다운 병이라도 속이 비어 있으면 무슨 소용이 있겠어? 사람도 내면이 아름다워야 겉모습도 아름다워 보이는 법이야."

엄마의 따뜻한 타이름을 듣고 나는 그동안 생각하지 못했던 많은 것들을 깨닫게 되었다. 그리고 그동안 거울 앞에서 시간을 너무 많이 낭비했다는 생각이 들어 후회가 되었다.

그래서 더 이상 남의 눈에 비칠 내 모습을 의식하지 않기로 했다. 그리고 거울을 나의 내면을 아름답게 가꾸는 데 쓰기로 했다. 거울을 볼 때마다 반성을 한 가지씩 하기로 한 것이다. 반성을 하면서 거울을 보니 나의 모습이 새로워 보였다. 그리고 스스로 반성을 하면서 단점을 고치려고 노력할 때마다 나의 마음이 점점 예뻐지는 것 같았다. 그런 나의 습관은 나를 긍정적이고 밝은 모습으로 만들어 주었다. 이것은 거울 덕분이기도 하다. 거울은 나의 얼굴을 비추기도 하지만, '긍정'이라는 가르침을 담고 있기도 하다. 거울은 생각을 조금만 밝게 한다면 인생도 달라진다는 것을 나에게 가르쳐 준 고마운 물건이다.

그러나 거울이 꼭 사물만을 의미하는 것은 아니다. 학교에 가면 더욱 많고 다양한 거울들이 있다. 유리에다가 은 칠한 거울만이 거울이 아니라 사람도 거울이다. 공부 잘하는 애를 보며 나를 평가하고, 재미있는 친구를 보며 나를 평가하기도 한다. 마치 내 얼굴을 거울에 비춰 보며 평가하듯이 사람을 보고 평가를 하는 것이다. 사람에 사람을 비춰 볼 수 있다는 사실을 남과 나를 비교하면서 알게 되었다. '사람 거울'은 가끔 나를 낭떠러지에 몰아넣고 좌절하게 한다. 유리로 된 거울을 보면서 느끼는 실망감과는 너무나도 다른 잔인함을 가진 것이 바로 사람 거울이다.

  어릴 적 나의 거울은 부모님이었다. 나를 꼼짝 못하게 만드는 크고 힘이 센 두 손과 뭐든지 살 수 있을 것 같은 많은 돈이 들어 있는 지갑까지 부모님의 모든 면이 전지전능해 보였다. 그랬기에 늘 떼만 쓰고 바라기만 하는 딸이 되어 버렸다. 하지만 자라면서 부모님의 능력은 전지전능하지 않다는 것을 알게 되면서 부모라는 거울을 점점 멀리하게 되었다. 대신 친구라는 다양한 거울들을 바라보게 되었다. 예쁜 거울, 못난 거울, 착한 거울, 그리고 나쁜 거울까지. 그 거울들이 가진 장점만 보고 부러워했기에 늘 무엇인가 부족하다는 느낌이 들었다. 아니, 지금도 느낀다.

  내가 참 존경하는 분이 있다. 인도의 정신적 지도자인 '간디'이다. 이 분에 대해 알면 알수록 닮고 싶어지고 마음이 훈훈해져 온다. 그리고 나의 욕심에 부끄러움을 느끼게 된다. 바로 이런 거울이야말로 좌절감과 패배감을 안겨 주는 잔인한 거울이 아니라, 자신을 발전하게 하고 아름답게 가꿀 수 있도록 도와주는 나의 선생님이 아닌가? 언제 어디서나 나를 비춰 보고 있을 진정한 거울.

  사람들은 자신의 잘 차린 겉모습을 확인하기 위해 거울을 본다. 하지만 나는 이제 내 내면을 보여 주는 거울의 진정한 사용 방법을 알았다. 물론 사람 거울까지도 말이다.

글쓰기에 대한 명상

최우정

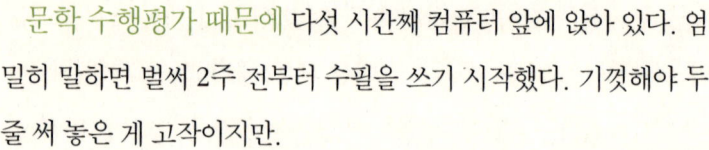

문학 수행평가 때문에 다섯 시간째 컴퓨터 앞에 앉아 있다. 엄밀히 말하면 벌써 2주 전부터 수필을 쓰기 시작했다. 기껏해야 두 줄 써 놓은 게 고작이지만.

길을 걸어가면서도, 멍하니 앉아 있는 시간 동안에도 틈틈이 소재에 대해 생각도 해 보고 머릿속으로 간추려 보기도 했다. 그러나 글을 쓰기 위해 막상 컴퓨터 앞에 앉으면 첫 문장을 어떻게 시작해야 할지 막막하기만 하다. 일기도 수필의 일종인데 일기 쓰기와 수필 쓰기는 하늘과 땅 차이다. 차라리 독후감이나 논설문을 쓰는 것이 더 쉽다는 생각이 든다. 적어도 주제와 글을 써야 할 방향은 정해져 있으니까.

일단 나는 내가 사는 빌라에서 일어난 여러 가지 충격적인 사건들, 이를테면 '아무도 참여하지 않은 반상회'와 같은 일을 소재로 현대인들이 얼마나 이웃의 일에 무관심한지를 쓰고자 했다. "아침부터 인상이 절로 찌푸려졌다."로 시작해 백지를 반쯤 채우고 나니 생각의 흐름이 끊어져 버렸다. 인터넷 검색을 통해 참고가 될 만한 자료를 찾고 관련된 수필도 여러 개 읽어 보았다. 그러나 결국 그 소재로 글 쓰는 것을 포기했다. 끝까지 써 보고 싶은 생각도 들었지만, 글을 몇 번이고 다시 읽어 보아도 생각의 흐름은 이어질 기미가 보이지 않았다.

글쓰기가 어렵다고 생각되는 이유 중의 하나는 시간이 많이 든다는 것이다. 사실 글을 쓰는 시간보다 소재와 자료를 찾고 생각하는 시간이 더 많이 걸린다. 인터넷을 샅샅이 뒤져 봐야 쓸 만한 정보 하나 얻지 못하지만, 멍하니 앉아서 떠오르지 않는 생각과 씨름할 바에야 단 한 문장이라도 얻어 내자는 게 내 심정이다. 내 이야기, 내 글을 쓰는 데 다른 사람의 생각을 참고한다는 게 참 우습기도 하지만.

글쓰기에도 feel, 즉 감이 중요하다. 일단 만족할 만한 문장이 하나 완성되면 생각에 생각이 꼬리를 물고 이어진다. 언제 고민했느냐는 듯 글은 재빠르게 완성된다. 그러나 감이라는 게 쉽게 오지도 않을뿐더러, 아주 드물게 오는 손님이라 안타깝기만 하다.

사실 글을 쓴다는 건 우리가 두려워할 만큼 어려운 일이 아니다. 평소에 친구들끼리 편지를 주고받을 때, 우리는 얼마나 쉽게 생각을 써 내려가는가? 단순하게 생각해 보면 그렇다. 다만, 다른 사람들에게 보이기 위해, 잘 쓰기 위해 그럴싸하게 포장하려고 하다 보니 글 쓰는 것이 당연히 어려워질 수밖에 없다. 적절한 어휘와 문법을 모두 고려한다면, 부족한 내 능력으로는 한 달을 꼬박 새

워도 만족할 만한 짧은 글 한 편 완성하기 어려울 것이다.

  글에 대해 아는 것도 없고 숙제가 아니면 써 본 적도 거의 없지만, 짧은 인생을 살아오면서 경험한 바에 의하면 글은 솔직하고 쉬울수록 좋다는 것이 내 생각이다. 지금은 형편없는 실력이지만 초등학생 때 나름대로 글을 잘 썼다고 자부하는 나는, 내 생각대로 솔직하게 글을 썼었다. 덕분에 글쓰기 상장으로 채워진 파일 한 권이 자랑할 만한 증거로 남아 있다.

  그런데 내 상식과 어휘력이 부족했던 탓인지 언제부터인가 다른 아이들의 글에 비해 인용된 문구도, 그럴듯한 단어도 없는 내 글이 초라해 보이기 시작했다. 소박한 내 생각만 뒤죽박죽 나열된 글이 부끄러웠다. 상 욕심과 점수 욕심에 앞서, 또는 고등학생이 되어 시간에 쫓겨 살아가면서 글을 쓰는 시간조차 아깝다는 생각이 들었다. 그리고 다른 사람의 글을 패러디하고 모방하는 버릇이 생기면서 그때부터 내 글은 점점 못나졌다. 개성이 없었다. 글 속에는 더 이상 순수한 내 자신이 존재하지 않았다.

  글쓰기가 어려운 또 다른 이유는 바로 컴퓨터에 있다. 손으로 쓰면 빠른 생각의 흐름을 따라가지 못해 스쳐 가는 생각을 놓칠까 봐 컴퓨터 자판을 두드리며 작성을 하는데, 생각이 계속 나는 것도 아닐뿐더러 이내 지겨워져서 기분 전환이라는 핑계로 음악을 듣고, 친구들의 블로그나 미니 홈피를 방문하고……. 글을 써야 한다는 목적은 새까맣게 잊은 채 한두 시간을 흘려보낸다. 사실 글을 쓰는 시간보다 딴짓하는 시간이 더 많기도 하다.

내게 글쓰기 과제가 주어진 날이면 어머니께서는 겁이 덜컥 난다고 하신다. 내가 글을 쓰기 위해 컴퓨터 앞에 앉는 날이면 온 가족이 꼼짝 못하는 날이다. 아버지와 동생은 어느새 나를 피해서 나가고 없다. 그만큼 글을 쓰는 날은 내가 소음에 예민해지고, 짜증을 부리는 탓이다.

"적당히 쓰고 자라. 밤만 되면 또 급하지, 미리미리 하지 않고."

큰방에서 텔레비전을 보고 계시던 어머니께서 소리치신다. 정신을 가다듬고 다시 글쓰기에 몰두한다. 빨리 쓰려고 노력한다.

나는 항상 밤에 글을 쓰는 버릇이 있다. 시작은 아침부터 하는데 날이 밝으면 시간이 많다는 생각에 글쓰기에만 몰두하기가 힘들다. 밤이면 차분해지고 감수성이 풍부해진다. 작은 일에도 낮과는 다른 특별한 감정이 생긴다. 솔직히 말하면 빨리 쓰고 자야겠다는 일념으로 글을 열심히 쓰기도 한다. 지금도 어느덧 시계 바늘은 새벽 한 시를 훌쩍 넘기고 있다. 주위는 고요하고 개구리와 귀뚜라미 울음소리가 유난히 크게 들린다. 드문드문 개 짖는 소리도 들려온다. 눈은 건조해지고 내 영혼은 벌써 침대에 가 있다. 피곤하다.

일단 '글쓰기'에 대해서 생각나는 대로 마구 나열해 놓긴 했는데, 이걸 또 어떻게 수정해야 할지 막막하다. 시간이 지날수록 내가 원하는 문장은 더 나오지 않는다. 뇌가 굳어 버렸나? 상투적이고 딱딱한 글이다. 마음에 들지 않는다. 다시 쓰고 싶다. 모든 게 엉망인 듯한 느낌이다.

지친다. 글쓰기를 못하는 내 자신이 한탄스럽다. 결국 쓰려던 주제를 버리고 글쓰기의 어려움에 대한 한탄만 나열해 놓았다. 감동을 주는 수필, 따뜻한 수필을 써 보고 싶었는데 그게 쉽지만도 않다. 우리 학교 문예 동아리의 문집《바람의 푸른 손자국》에 실린 선배들과 친구들의 작품을 보면서 참 대단하다는 생각을 했다. 부러웠다. 어쩌면 글을 그렇게 잘 쓸 수 있을까?

 좋은 수필을 많이 읽어 보고 글에 대한 상식과 어휘력을 키워 나가면 나도 언젠가는 제대로 된 글을 쓸 수 있지 않을까……. 오늘은 이쯤에서 생각을 접고 그만 불을 꺼야겠다.

하늘을 보며

이정현

하늘을 보면서 수많은 생각을 한다. 하루하루 똑같지 않은 구름과 하늘의 색. 하늘은 언제나 변화무쌍하다. 내가 본 하늘은 어제의 하늘과 조금도 같은 것이 없다. 연한 파란색으로 칠해진 도화지 위에 하얀 솜털 같은 구름을 바람이 이리저리 마음대로, 기분대로 획획 옮겨 가며 만든 작품에서 눈을 떼지 못할 때가 많다. 그리고 그 하늘을 보면서 또 멋진 하늘을 볼 수 있기를 바라며 발걸음을 옮긴다.

하늘의 색은 단순히 우리가 아는 하늘색만 있는 것은 아니다. 하늘은 무수히 많은 색을 가지고 있다. 그리고 하늘은 그 무수한 색을 가지고 작품을 만든다. 노을이 지는 붉은 빛이 구름에 남아 진한 자주색이 되어 버린 구름, 천사가 날개를 편 듯 보이는 구름, 슈크림처럼 몽실몽실 귀여운 뭉게구름 등 언제나 하늘색이라는 푸른 도화지에는 누구나 볼 수 있는 훌륭한 작품이 그려져 있다.

집으로 돌아오는 길, 유심히 하늘을 본다. 하늘을 보고 있으면 마음이 편안해지고, 기분 좋은 옛 추억을 떠올리게 된다. 또 하늘은 계절마다 다른 모습을 보여 준다.

 봄 하늘에는 따뜻한 햇살이 감돈다. 하늘에서 내려오는 빛이 모든 것을 비추며 남은 겨울을 떠나보낸다. 이런 봄의 하늘이 지나간 뒤, 여름 하늘의 구름은 너무나도 모양이 다양하다. 하얀 구름이 만들어 내는 작품은 여름의 따가운 햇살과 어울려 차가운 바닷물이 물결치는 바닷가로 떠나고 싶어지게 만든다. 이러한 여름 하늘이 나에게 가장 인상 깊은 하늘이라면, 가장 우울한 기분을 선사하는 것 또한 여름 하늘이다. 여름에는 장마로 인해 흐린 날이 많고 더운데, 구름 또한 흐린 하늘을 보면 기운이 축 처진다. 이런 이중성을 가진 여름 하늘을 지켜 보면 어느 순간 가을 하늘이 찾아온다. 가을 하늘은 너무나도 높다. 그 높은 하늘이 구름 한 점 없이 깨끗할 때, 내 가슴 또한 하늘처럼 깨끗해지는 것 같다. 가을 하늘의 청명함을 느끼다 겨울 하늘이 선사하는 하얀 눈이 산과 냇가, 그리고 거리에 쌓인 것을 볼 때면 눈을 떼지 못할 정도로 아름답다고 느낀다. 이렇듯 계절마다 각기 다른 하늘은 나에게 깊은 여운을 남기며 떠나간다.

 하늘은 밤에도 눈을 떼지 못하게 만든다. 밤하늘에는 보석이 있다. 수없는 별들의 보석이……. 별들을 볼 때마다 넓디넓은 어두운 밤하늘 속으로 빨려 들어가는 것만 같다. 저 머나먼 우주 속으로. 어두운 밤하늘을 반짝반짝 빛나게 수놓은 별들은 눈을 떼지 못하게 한다.

별은 사계절 중 여름에 많이 보인다고 한다. 하지만 내 눈에는 여름보다 겨울에 별이 더 많이 보이는 것만 같다. 지난 겨울 할아버지 댁에 갔을 때, 우연히 밤하늘을 보게 되었다. 겨울바람이 옷 속을 통과하면서 춥다는 것을 느끼게 해 줄 때, 내 머리 위 하늘에는 상상할 수도 없는, 내가 지금까지 보지 못했던 많은 별들이 모두 모여 있었다. 그때를 잊을 수 없다. 헤아릴 수 없을 만큼 많은 별들이 할아버지네 마당 위 하늘에 박혀 있어서 쏟아질 것만 같았다. 별들을 보며 내가 서 있는 공간이 마치 우주인 것 같은 형용할 수 없는 기분이 들었다. 수많은 별들에게서 눈을 떼지 못하고 오랫동안 밖에 서 있다가 결국 매서운 겨울바람을 온몸으로 맞아 감기에 걸리고 말았다.

하늘은 이렇게 잊지 못할 추억을 선물해 주었다. 휴일마다 집에서 빈둥거리다 마당에 나가 깨끗한 하늘을 보면서 팔을 뻗어 기지개를 켜 본다. 기지개를 켜며, 하늘의 맑음을 내 가슴에 깊이깊이 담아 본다. 또한 하늘을 보면서 생각을 하고, 많은 것을 하늘에 날려 버린다.

하늘은 언제나 푸르다. 먹구름에 가려 어둡고 흐릴지라도 그 안, 어두운 구름 속의 하늘은 언제나 푸르다. 그런 하늘을 우러러 한 점 부끄럼 없이 푸르게, 푸르게 살고 싶다.

3부
촌스러운 그대 이름은 '말자'

서효림 | 유경희 | 오은경 | 박수진 | 강예리
이미정 | 윤명화 | 이현정 | 김선진

징소리

서효림

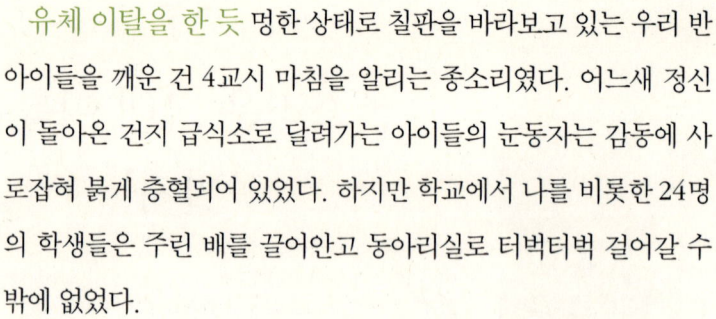

유체 이탈을 한 듯 멍한 상태로 칠판을 바라보고 있는 우리 반 아이들을 깨운 건 4교시 마침을 알리는 종소리였다. 어느새 정신이 돌아온 건지 급식소로 달려가는 아이들의 눈동자는 감동에 사로잡혀 붉게 충혈되어 있었다. 하지만 학교에서 나를 비롯한 24명의 학생들은 주린 배를 끌어안고 동아리실로 터벅터벅 걸어갈 수밖에 없었다.

무거운 징을 낑낑대며 강당 위로 들고 올라갔을 때는 이미 모두 각자의 악기를 두고 앉아 있었다. 원 대형에서 늘 앉던 대로 꽹과리 맞은편에 자리를 잡은 나는 시작을 알리는 북소리에 징채를 꺼내 오른손으로 잡았다. 꽹과리 가락이 들려오자, 나는 너무나도 익숙한 자세로 징채를 돌리며 징을 쳤다. 그러자 제일 멀리까지 퍼진다는 은은한 징소리가 꽹과리, 북, 장구를 감싸 안았다. 아주 오래 기다렸다는 듯 악기들을 산들바람처럼 감싸 안았다. 다른 악기들보다 훨씬 무겁고 모양도 그저 쇳덩어리처럼 보이는 볼품없는 이 녀석이 지금은 신비로울 만큼 아름다운 소리로 모두를 감싸 안고 있는 것이다.

하지만 이렇게 흥에 겨워 징을 치고 있는 나 자신은 다른 누군가를 감싸 안지 못하는 사람이었다. 큰 소리를 내는 꽹과리처럼 오히려 나는 소리만 뗵뗵 지르기 바쁜 사람, 이쪽저쪽 넘기는 장구채처럼 이리저리 왔다 갔다 눈치만 살피는 사람에 가까웠다. 늘어난 북 가죽처럼 축 늘어진 생각으로 결과에 쉽게 무릎 꿇어 버리는 사람에 가까웠다(그렇다고 절대 이 악기들을 욕하는 것은 아니다).

'내가 이렇게 못난 사람이었나? 내가 이렇게 한심한 사람이었나?'

이런 생각이 머릿속을 비집고 들어오자 배 속이 뒤틀리는 것 같았다. 결국 나는 참지 못하고 돌리던 징채를 아무렇게나 잡아서 징을 쳐 버렸다.

"지이이이잉."

갑자기 녀석이 모두를 감싼 팔을 풀어 버린 것 같았다. 소리가 너무 심하게 흐트러진 것이었다. 그리고 그와 동시에 마흔여덟 개의 눈들이 일제히 나에게로 향했다. 순간 그 눈들이 모여서 불꽃을 만들어, 애써 태연한 척하는 내 얼굴을 단숨에 붉게 익혀 버렸다. 난 누가 볼세라 — 사실 마흔여덟 개의 눈들은 여전히 날 보고 있었다. — 급하게 고개를 숙인 후 징채를 바로잡아 들었다. 그리고 징을 치자 이번엔 아까보다 더 맑고 은은한 소리가 퍼졌다. 징 표면에 새겨진 동그란 무늬처럼 둥글게 둥글게 퍼져 나갔다. 소리가 퍼지는 잠깐 동안에 나는 징이 된 것 같았다. 맑은 소리가 난 건 단 몇 번뿐이었지만, 그 짧은 순간에 나는 미운 내 자신과 친구들을 이해할 수 있었다.

짧은 순간이 지나가자 징과 나는 다시 둘로 나뉘었다. 그러나 나는 자신 있었다. 이제 얼마 남지는 않았지만 남은 2학년 동아리 시간에 징과 하나가 되기 위한 노력을 할 자신! 그래서 진정한 나를 찾고 징소리처럼 다른 누군가를 감싸 안을 수 있는 사람이 될 자신 말이다.

급식소로 향하는 내 발걸음은 가벼웠다. 무엇 때문인지 정확히 몰라도 밥을 먹으러 간다는 행복감이 두 배로 커진 것 같았다. 가을답게 좀 쌀쌀한 바람이 나를 더 붕붕 띄웠다. 그리고 1시 55분 무렵의 햇볕이 내 가슴에 따스하게 내리쬐었다.

촌스러운 그대 이름은 '말자'

유경희

'굴뚝새', 나의 어린 시절 별명이다. 까만 얼굴에 눈만 동그랗다고 우리 아빠가 지어 준 나의 별명이다. 그래서 우리 동네에서는 모두들 나를 굴뚝새라고 불렀다. 어린 시절에 나는 나의 별명이 너무나 싫었다. 종달새도 아니고 꾀꼬리도 아니고 예쁘다는 공작새도 아닌, 새까맣기만 한 굴뚝새라니. 별명 때문인지 성격 때문인지, 어릴 때 나는 언제나 친구들 뒤에서 조용히 숨어 지내는 그런 아이였다. 마치 굴뚝에 숨어 살 것 같은 굴뚝새처럼. 나는 항상 친구들 뒤에서 그들이 노는 것을 바라보고 부러워하기만 하는 나약한 아이였다.

초등학교 3학년이 되자 사람들의 머릿속에서 나의 별명이 차츰 잊혀 갔다. 나 역시 잊고 지내고 있을 즈음 나에게는 또 다른 별명이 하나 생겼다. 한창 〈왕초〉라는 드라마가 유행하고 있을 당시 〈육남매〉라는 드라마의 똑 부러진 막내 역할이었던 말순이의 이름을 본 따 붙여진 별명 '말자'. 말자라는 별명을 얻은 이후부터는 나의 성격도 차츰 변하기 시작했다. 아직까지 나와 친하게 지내는 사총사들도 그 무렵 사귄 친구들이다. 우리 사총사는 하루하루를 너무 재미있게 보냈다. '사이다탕'이라고 우리가 이름 붙인 근처 시냇가에서 먹을 감기도 하고, 도서관에 가서 공부는 안 하고 손톱에 봉숭아 물도 들였다. 급식 시간에 남은 밥은 언제나 우리의 몫일 만큼 우리는 끈끈한 우정으로 서로에게 큰 버팀목이 되어 주었다. 그때부터 나는 조금씩 자신감도 얻게 되었고 더 이상 뒤에서 바라보기만 하는 아이가 아니었다. 나는 모든 것이 나의 별명 덕분이라고 생각했다. 하지만 좋아하는 오빠가 생기면서 그러한 생각은 바뀌기 시작했다.

"야, 말자!"

"아, 그렇게 부르지 말라니까."

좋아하는 오빠에게 예쁜 모습만 보이고 싶었던 나에게 말자라는 별명은 이제 촌스러운 별명에 지나지 않았다. 그래서 아이들에게 반강제적으로 내 이름을 부르게 했다.

"야, 말자! 아, 아니 경희."

아이들은 고맙게도 별명 대신 이름을 불러 주었다. 하지만 나의 별명이 입에 붙었던 아이들은 자꾸만 별명과 이름을 섞어 가며 불렀다. 나 또한 별명을 오래 들어서 그런지 이름이 어색하게만 들렸다. 아이들도 내색하지는 않았지만 힘들어 하는 눈치였다. 그러던 중 어릴 적 사진을 보게 되었다. 조용히 친구들을 바라보는 아이. 굴뚝새, 힘없는 꼬마 아이.

그때 깨달았다. 말자라는 별명이 가져다 준 것들을.

"얘들아, 그냥 말자라고 불러 줘, 말자."

"아 뭐야, 넌 좀 맞아야 돼."

나의 별명과 이름 사이에서 고민하던 아이들은 고민이 해결된 듯 시원하게 웃었다.

고등학교에 진학한 후 나에게는 새로운 별명이 생겼다. 새로 사귄 친구들만큼이나 독특한 별명이 나에게 붙여졌다.

'트남이.'

베트남 사람을 닮았다고 붙여진 별명이다. 이 외에도 힘경희, 햅번……. 많은 별명만큼이나 다양한 나의 모습들이 아이들에게 비춰지고 있다고 생각하니 왠지 뿌듯하다. 그만큼 내 안에 숨겨져 있는 여러 모습을 발견할 수 있었기 때문이라고 생각한다. 별명이라는 것은 한 사람에게서 풍겨지는 이러저러한 면을 보고 여러 사람들이 그 사람을 '이렇다'라고 인정하여 부르는 이름이다. 그렇기 때문에 다양한 별명이 생긴다는 것은 팔색조라도 된 것처럼 뿌듯한 일이다.

시간이 지나면 별명은 또다시 바뀔 것이다. 아니면 별명이 사라질 수도 있을 것이다. 우리 큰언니는 어릴 때부터 고등학생 때까지 '촉새'라는 별명으로 불렸지만 지금은 별명 따위를 모두 잊은 것처럼 지내고 있다. 가끔 아주 오래 사귄 친구들을 만날 때를 제외하면 언니에게 촉새라는 별명은 어린 시절의 순수함을 바라보듯 지난 추억이 되어 버렸다.

지금 내 별명들도 언젠가는 잊히거나 추억으로 남을지 모르겠다. 그래서 지금 꼬리표처럼 따라다니는 촌스럽지만 추억이 담긴 이 별명들이 나는 좋다. 그리고 내 먼 훗날의 별명들도 기대해 본다. 혹시, 리틀 혜교? 하하하…….

거인의 나라에 오신 것을 환영합니다

오은경

머리를 감고 샤워실을 나서며 슬리퍼를 신으려던 순간, 다양한 크기의 슬리퍼를 보았다. 그중에서도 내 슬리퍼는 유독 작았다. 발이 그다지 작지 않은데도 커다란 슬리퍼 사이에서는 작은 난쟁이가 거인들 사이에 끼어 있는 것처럼 보였다.

애초에 가졌던 설렘은 온데간데없이, 엄마 품을 떠나 긴장감과 두려움으로 가득 찬 표정으로 거인의 나라에 들어섰다. 나는 거인의 나라에 대한 환상을 품고 있었다. 그러나 그것은 환상에 지나지 않았음을 곧 깨닫고 말았다. 엄마가 떠나려고 하자 고아원에 버려지기라도 하는 것처럼 눈물이 멈추지 않았다. 그러나 이미 되돌릴 수 없는 선택이었다. 이곳에는 울 만한 마땅한 장소도 없었다. 시험을 앞둔 고등학생이었기에 책상에 앉아 휴지를 눈에 가져다 대고 눈물이 흐르는 채로 입을 틀어막고 공부를 계속 해야만 했다. 방을 같이 쓰게 된 언니 세 명과는 대화 한 번 나눠 보지 못했다. 시험 기간이라는 것은 겉으로 드러난 이유에 불과했고, 나의 작은 키만큼이나 나는 소심했다.

　이곳은 또 다른 작은 사회였다. 후배로서, 약자로서 겪는 불평등이 너무나도 당연하다고 여겨졌으니까. 가끔 짜증날 때도 있었지만 곧 즐기고 있다는 착각에 빠져들게 되었다. 착각이든 어떻든 겉으로는 더 이상 짜증을 내지 않았다. 그러나 속을 들여다보면 그들에게 다가서지 못하고 점점 소외되기 시작했다.

　공부에 많은 시간을 투자해도 오르지 않는 성적을 보면서 이렇게 하는 것이 효율적이지 않다는 것은 알고 있었다. 하지만 이곳을 나가서 잘하리라고도 장담할 수 없었다. 그리고 오기도 생겼다. 그동안 당한 만큼 되돌려 주리라는 못된 마음이 싹트기 시작했던 것이다. 나는 주변 상황에 점점 무관심해져 갔다. 나는 자꾸만 아래로 떨어지고 있었다. 성적도, 몸도, 마음도. 이것은 아니라는 생각을 하면서도 계속 떨어질 수밖에 없었다. 헤어 나올 수 없는 구렁텅이에 빠진 듯, 애초부터 잘못된 선택이었던 듯 그렇게 후회하고 후회했지만 나는 여전히 소심하고, 고독하고, 불쌍한 난쟁이였다. 이런 생각들이 더욱더 나를 궁지에 몰아넣었다.

　결국 여름방학 때 창살 없는 감옥과도 같았던 곳을 잠시 동안 벗어날 수 있게 되었다. 한 달이라는 짧은 기간이었지만 나에게는 그곳을 다시 생각해 보는 좋은 시간이었다. 오후 자습 시간에 학교에서는 공부를 열심히 하면서도 집에 돌아오면 연필이 잡히지 않았다. 어쩔 수 없이 타의에 의해 독서실에 가게 되면 대부분 책상에 엎드려 자기 일쑤였다. 그곳에서는 푸른 새벽에 일어나 늦은 새벽에 잠들곤 했었다. 나의 학교생활은 수업 시간에는 자고, 자습 시간에는 수업 시간에 졸았던 것을 채우고자 이른 새벽부터 늦은 새벽까지 책상에 앉아 있기를 반복하는 비효율적인 구조였다.

나는 현재를 즐기지 못했다. 스펜서 존슨의 《선물》이라는 책에서는 세상이 나에게 준 가장 좋은 선물은 바로 '현재'라고 했다. 이 책은 공부에서든 사람들과의 관계에서든, '나중에 어떻게든 되겠지.'라며 계획 없이 살았던 나에게 반성의 기회를 주고 앞으로 한 발 더 전진하게 해 주었다.

한 달이 지나고 나서 나는 내 발로 다시 이곳에 왔다. 좋은 곳이 틀림없다. 대부분 좋은 사람들이다. 궁금한 것을 물어볼 기회도 많고, 책을 물려받을 수도 있으며 다른 사람과 친해질 수 있는 '만남의 장'과도 같은 곳이다. 앞으로 더 큰 세상에 나가기 위한 발판과 같은 곳이기도 하다. 세상에서는 여기에서 경험한 것보다 더 크게 소외당할 수도 있음이 분명하다. 그래서 이곳은 시간과 다른 사람들과의 관계의 소중함에 대해서 나에게 일깨워 준 곳이다.

나는 용기도 없고, 소심하며, 고독해서 슬프다. 그러나 이곳에서 마주하는 일들이 분명히 좋은 경험임에는 틀림없다. 이로 인해 나는 많은 사람들을 알게 되었고, 더욱더 책임감을 가지게 되었으니까. 사람은 누구나 고독하기 마련이다. 고독이라고 하면 나쁘다고 생각하기 십상인데, 고독은 살아가는 데 필수 조건이다. 고독은 자신을 돌아보게 하며 발전의 시간을 마련해 준다. 그러나 인간은 사회적 존재이기 때문에 항상 고독할 수는 없다. 그러므로 나는 이것으로 인해 슬퍼할 이유가 없다. 누구를 탓할 자격도 없다. 누가 잘못했든 간에 나의 성격에서 오는 부족함이 크기 때문이다.

서시

윤동주

죽는 날까지 하늘을 우러러
한 점 부끄럼이 없기를,
잎새에 이는 바람에도
나는 괴로워했다.
별을 노래하는 마음으로
모든 죽어 가는 것을
사랑해야지.
그리고 나한테 주어진 길을
걸어가야겠다.

오늘 밤에도 별이 바람에 스치운다.

나는 항상 부끄럽다. 반성하며 살기를 바라며, 현재를 즐기기를 바란다는 말로는 표현할 수 없는 나의 모든 경험이 이 시에 함축되어 있는 것 같다. 이러한 경험을 바탕으로 훗날에 다른 사람들과도 스스럼없이 어울릴 수 있는 대범함과 사교성을 지닌 떳떳한 '난쟁이'가 된다면 금상첨화일 것이다. 지금 나는 비록 고독하지만, 행복한 고독자임이 틀림없다.

"Carpe diem, carpe somnium(현재를 즐겨라, 꿈을 즐겨라)!"

도레미송

박수진

앞이 온통 새카맣게 보인다. 주위는 너무도 조용해서 나 홀로 그곳에 존재하는 것만 같다. 조명이 무대 위에 홀로 서 있는 나를 비춘다. 빛을 보는 순간, 지난 한 달이 내 머릿속을 빠르게 스쳐 지나간다.

"그런 고로! 지금부터 합창 연습을 하겠다."

학년별 합창 대회.

음악 선생님의 한마디에 음악실은 흥분한 아이들로 아수라장이 되어 갔다.

"축제 때 합창이라뇨!"

"옳소!"

"합창은 무리예요!"

3학년 3반. 우리는 가창 시험에서 평균 점수가 제일 낮아 음치로 소문난 반이었다. 음악 시간에 다 같이 노래를 부르면 종종 정체를 알 수 없는 곡이 되곤 했다. 그런 우리에게 다가온 합창 대회는 그해 가장 비극적인 소식이었다.

"조용히 해. 우선 오늘은 지휘자만 정하고 곡은 다음 시간까지 정해. 지휘자 추천해 봐."

"박수진!"

"그래, 수진이가 해라!"

"그래, 수진이가 그럼 지휘자다."

하기 싫다는 말을 하기도 전에 순식간에 나는 이 음치 반을 이끌 책임자가 되고 말았다. 그리고 다시 음악실은 소란 통으로 바뀌었다. 한참을 소리치던 아이들은 수업 시간이 끝나자 체념한 듯 보였다.

반장인 누리는 그날 점심시간에 노래를 정하자고 제의했다.

"대충 몇 개 불러 봐."

그날 나온 것은 〈샹젤리제〉, 〈여자를 내려 주세요〉 등 10여 개의 다양한 노래였다. 이후 이틀의 조정 기간을 거쳐서 최종 곡으로 정해진 것은 〈도레미송〉이었다.

그날 저녁, 나는 이 노래의 한 가지 문제점을 발견했는데 합창 악보를 구할 수 없다는 것이었다. 다음 날 내가 울상으로 누리에게 그 사실을 말하자 누리는 "아, 그거? ○○○○에서 사지 뭐, 500원이던데?" 이렇게 말하며 나의 밤샘 고민을 해결해 주었다. 우리는 500원짜리 악보를 서른 장 복사했고, 곧 연습에 착수했다. 각자의 파트를(소프라노, 메조소프라노, 알토) 정하고, 다른 반에는 두

개씩이나 있다는 키보드를 우리 반에는 아무도 가진 사람이 없어서 음악 선생님께 양해를 구하고 음악실에서 연습한 것까지는 순조로웠다. 그런데 이 불협화음은 정말 교정하는 것을 엄두도 낼 수 없을 정도였고, 결국 몇 부분을 제외하고는 모든 음을 통일해서 악보를 개조해 부르게 되었다. 그것마저도 벅차긴 마찬가지였지만.

그즈음 3학년 복도에는 이런 소문이 돌았다.

"이번 합창 대회 꼴등은 3반이란다."

이런 분위기 속에서 반 아이들은 분열되어 갔다. 본래 서로 사이가 좋지 않았던 패거리들이 몇 있었는데 더 심해진 것이었다. 게다가 다른 반 아이들도 음악실을 쓴다고 내려오는 바람에 우리가 연습할 곳조차 사라져 버렸다. 이렇게 되자 아이들은 온갖 핑계로 연습을 빠지게 되었고, 나는 점점 지쳐 갔다.

그러던 중 빈 무용실을 빌릴 수 있게 되었다. 기적적으로! 키보드를 구해 안정적인 연습도 할 수 있게 되었고, 안무는 누리의 도움으로 한결 수월해졌다. 여전히 분위기는 험악했고 빠지려는 아이들도 있었지만, 설득에 설득을 거듭한 끝에 결국 열심히 해서 꼴등만은 하지 말자는 각오로 우리는 뭉쳐서 연습했다.

축제 일주일 전이 되자 반끼리 묘한 경쟁심 같은 것 때문에 3학년 복도는 매우 긴장된 분위기였다. 가끔 들리는 다른 반의 노랫소리에 아이들은 기가 많이 죽었지만, 그래도 꾸준히 연습하는 모습에 무척 놀랐다. 무엇이 아이들을 그렇게 만든 걸까?

우리는 서로 격려하고 다그치기도 하면서 연습을 계속해 갔다.

그리고 축제 전날 지휘자들이 심지 뽑기로 순서를 정하게 되었다.

'3번이나 4번이 좋을 텐데.'

그러나 나의 바람과는 달리 6번이 나왔다. 마지막 순서였다. 애들은 우리가 대회 마지막을 장식할 수 있게 되었다며 오히려 기뻐해서 나도 조금 안심이 되었다.

축제 날은 7시에 3반 전원이 등교하는 기록을 세우며 마지막 연습을 가졌다. 대회 전에 무대에서 리허설을 가진다고 해서 예정보다 빨리 합창 대회가 열리는 백합관으로 향했다. 그런데 리허설은 마지막 순서인 우리들을 빼고 진행되었다. 나와 누리는 부당함을 따졌지만, 바로 대회가 시작되어 우리 반만 리허설 없이 무대에 서게 되었다. 관중석에 앉아서 우리의 차례가 올 때까지 기다리며 다른 반 아이들의 합창을 보는 동안 불안감은 점점 커져 갔다.

"쟤들 의상 봐라, 완전 예뻐!"

아이들은 한 겹 천으로 두른 우리의 치마를 보며 투덜댔다.

"저거 3만 원 들었다던데?"

"확실히 3천 원짜리 치마랑 틀리군."

돈 많이 드는 것이 싫다고 해서 3천 원으로 겨우 맞춰 놨더니 또 불평이다.

"쟤네 화음 봐라, 우린 단음인데."

"야야, 우리도 화음 좀 있어."

확실히 다른 반은 화음이 많았다.

"그래도 안무는 우리가 제일 활발해!"

다른 반은 단상 위에 서서 하는 단순한 손동작인 데 비해 우리는 거의 군무 수준이었기에 안무는 자신이 있었던 것이다. 사실은 단상이 있는 줄 몰라서 그렇게 된 거였지만.

솔솔솔솔……. 소영이의 반주 소리가 들린다. 여전히 앞은 새카맣고 처음에 혼자 노래를 해야 한다는 것에 더욱 두려움이 느껴졌다. 반주 소리가 점점 선명히 들려오자, 숨을 크게 들이쉰 후 노래를 시작했다.

"Let's start at the very beginning. A very good place to start. When you read you begin with."

"ABC."

"When you sing you begin with do re mi."

"Do re mi."

내 노래에 답하는 아이들의 노랫소리가 들려오는 순간, 알 수 없는 흥분에 사로잡혔다.

이제 내 옆에는 일곱 명이 있다.

"Doe, a deer a female deer. Ray, a drop of golden sun. Me, a name I call myself. Far, a long long way to run. Sew, a needle pulling thread. La, a note follow sew. Tea, a drink with jam and bread. That will bring us back to do-oh-h-oh-oh."

이제 내 뒤로 20여 명의 아이들이 등장하며 3반 모두가 무대 위에 섰다. 나는 노래로 우리가 하나 되고 몸의 떨림이 진정되어 가는 것을 느꼈다.

그 후로는 어떻게 불렀는지 잘 기억이 나지 않는다. 아무튼 우리가 최선을 다했다는 것만은 확실했다. 사회자의 결과 발표를 기다릴 때는 아이들 모두 아무 말이 없었다. 나는 속으로 꼴등만은 아니겠지 하면서도 무척 불안에 떨었다. 다른 아이들도 모두 같은 생각인 듯했다. 그리고 곧 결과가 발표되었다.

"모두 열심히 해 주어 에……, 무척 기쁩니다. 나는 모두가 잘했다고 보며 그럼, 발표를 하겠습니다. 3위는 에……, 5반? 5반!"

짝짝짝짝. 박수 소리가 들리고 5반 애들은 1등이라도 한 것처럼 소리를 지르고 난리가 났다. 진정이 될 무렵 2등의 발표가 있었다.

"2등은, 6반."

이하 동문. 나는 최소한 3등을 노렸던 꿈을 접으며 담담한 마음으로 1등 발표를 들었다.

"1등은, 모두가 예상하고 있는 반이라고 생각됩니다. 3반!"

앞서 상을 받은 다른 반과 달리 우리 반은 발표 후에도 굉장히 조용했다. 믿을 수 없는 결과에 당황한 것이다. 그러나 잠시 후 우리는 1등이라는 사실에 놀라면서도 벅찬 기쁨에 소리쳤다.

"내가 뭐랬냐! 1등 할 거랬지!"

"야, 얘 운다."

심지어 우는 아이들도 있었다. 나는 주체할 수 없는 벅찬 감동에 아무 소리도 낼 수 없었다. 뒤에 앉아 있던 다른 반 아이들도 축하해 주었고, 선생님들께서도 정말 의외다, 너무 잘했다며 칭찬을 아끼지 않으셨다. 우리는 서로 활짝 웃으면서 껴안고 소리쳤다.
"우리가 1등이다!"

지금 생각해 보면 우리의 1등은 놀라운 것만은 아닌 것 같다. 항상 다른 반보다 늦게 집에 갔고 불편한 상황에서도 연습을 했으니, 꾸준한 연습과 노력이 이루어 낸 결실인 것이다. 쉬운 일만은 아니었지만 함께했기에 힘든 것도 잘 느끼지 못했다.
그날 이후로 나는 힘든 상황이 되면 음치 반의 1등을 떠올리며 힘을 내곤 한다. 나는 그날 우리의 〈도레미송〉이 세상 어느 노래보다도 멋지고 아름다웠다고 자부한다.

세상에서 가장 아름다운 이별

강예리

'아, 목말라.'
아직 깜깜한 밤, 자다가 목이 말라 일어났다. 그때 안방에서 들려오는 엄마 아빠의 목소리.
"이번에는 어디로 발령 났는데?"
"김천."
"경상북도 김천?"
"응."
나는 여기까지 듣고 내 방으로 들어왔다.
'또 이사 가는구나……, 이게 몇 번째야. 벌써 네 번째잖아……, 진짜 싫다.'
어릴 적부터 이사를 많이 다녔던 나는 이사 가는 게 정말 싫었다. 지금까지 정들었던 친구들과 헤어지는 게 싫었고, 새로운 환경에서 처음 보는 사람들과 다시 시작하는 것도 싫었다. 모두들 삼삼오오 짝지어서 잘 놀고 있는데 그 사이로 끼어드는 건 너무 힘들었다. 다른 아이들처럼 어릴 적부터 지금까지 쭉 같이 지내 온 친구가 없는 것도 속상했고, 계속 이사를 하게 만드는 아빠의 직장이 너무 미웠다. 이런 생각이 들자 결국 참았던 눈물이 터지고 말았다. 내가 울고 있는 걸 보면 엄마 아빠가 괜히 미안해 하실까 봐 우는 소리가 나지 않게 얼굴을 베개에 묻고 울었다. 그렇게 시간은 어느새 새벽을 지나, 아침이 왔다.

제대로 잠을 못 잔 탓에 안 떠지는 눈을 억지로 뜨고 학교로 향했다. 교실에 들어서자마자 친구들은 부은 내 얼굴을 보고 걱정하며 물었다.

"어? 예리야, 울었어?"

"아니야……."

"에이, 아니긴 뭐가 아니야. 딱 보니까 울었네."

"아니야, 진짜 아니야."

"에이, 뭔데? 말해 봐."

친구들이 이렇게 걱정해 주자 고마운 마음에 괜스레 눈물이 났다. 이렇게 날 위해 주는 친구들과 헤어져야 한다는 게 너무 싫었다. 그러나 나는 이사 간다는 말을 끝내 하지 않았다. 그냥 말하기가 싫었다. 전학 간다고 그러면 예전에도 그랬듯이 선물을 주고, 남은 시간 동안 더 친하게 지내려고 하는 그런 헤어짐의 준비가 싫었다. 그래서 결심했다. 친구들에게는 이사 가기 전날 이사 간다고 말하기로.

그렇게 어느새 한 달이 지나고 이사 가기 사흘 전이 되었다. 이

사 가야 하는 시간이 다가올수록 괜히 이사 간다는 말을 안 했나 싶은 생각이 들었지만, 그래도 이사 가는 티를 내는 건 싫었다. 친구들이랑 오락실에서 게임도 실컷 하고 봉봉도 타고 그렇게 놀다가 집에 늦게 들어갔다. 평소 같으면 혼내고 잔소리하실 엄마가 그날은 아무 말씀도 하지 않으셨다. 그냥 잘 놀다 왔느냐는 말과 함께 안타까운 눈빛을 보내셨다. 그러자 엄마가 내 마음을 알아주시는 것 같아 괜히 눈물이 났다. 엄마는 괜찮다며 너무 겁내지 말라고 위로해 주셨다. 그러나 내일이면 이곳에서는 마지막일 학교생활을 생각하니 슬픔이 너무 커 엄마의 위로가 들리지 않았다.

그렇게 하루가 지나고 이사 가기 전에 마지막으로 학교에 가는 날. 교실에 들어가니 우울하고 슬픈 내 마음을 아는지 모르는지 친구들은 여전히 나에게 밝게 인사를 했다. 하루 종일 웃는 친구들이 나도 모르게 야속하게 느껴졌다. 어느덧 종례 시간이 다가왔고, 선생님께서 말씀하셨다.

"얘들아, 예리 우리 학교에서 오늘이 마지막이야. 김천으로 전학 간대. 우리 잘 가라고 인사해 주자."

이 말을 하자 아이들은 일제히 날 쳐다봤고, 나는 고개를 푹 숙였다. 괜히 또 눈물이 나기 시작했다. 그때 아이들은 노래를 부르기 시작했다.

"오랫동안 사귀었던 정든 내 친구여. 작별이란 웬 말인가, 가야만 하는가……."

노래가 끝날 때까지 나는 고개를 들 수 없었고, 그런 나에게 친구들은 다가와서 한 번씩 안아 주었다. 그러고 나서는 상자를 내밀었다. 그 상자 안에는 우리 반 아이들이 직접 쓴 편지들이 가득 담겨 있었다. 친구들은 내가 이사 가는 걸 이미 알고 있었던 것이다. 내 눈물은 멈추지 않았고 친구들도 하나 둘 울기 시작했다. 그러자 나는 어린아이처럼 소리 내서 엉엉 울고 말았다. 친구들은 영원히 헤어지는 것도 아닌데 왜 우느냐며 달래 주었다. 달래 주는 친구들 눈에 맺혀 있는 눈물을 닦아 주면서 그곳 학교에서의 생활은 그렇게 끝이 났다.

 나는 김천으로 이사를 왔고, 영원히 헤어질 줄 알았던 그곳의 친구들과는 지금도 연락하며 잘 지낸다. 방학이면 만나기도 하고, 같이 여행을 가기도 한다. 그리고 책상 서랍에는 친구들의 편지가 담긴 상자가 '보물 1호'로 남아 있다.

나의 소리

이미정

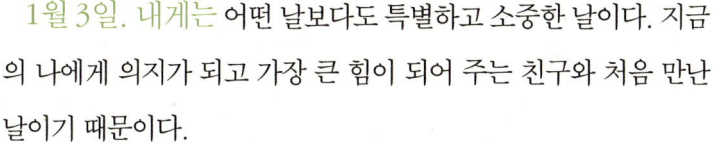

1월 3일. 내게는 어떤 날보다도 특별하고 소중한 날이다. 지금의 나에게 의지가 되고 가장 큰 힘이 되어 주는 친구와 처음 만난 날이기 때문이다.

그날도 늘 그랬던 것처럼 겨울방학 보충수업을 듣고 체육관에 있는 동아리실로 가서 꽹과리를 집어 들었다. 그 꽹과리에는 큰 금이 가 있었다. 이때까지 몇 년 동안 아무렇지도 않았는데, 내가 주인이 될 무렵 깨져 버린 것이다. 왠지 꽹과리가 날 주인으로 인정하지 못하겠다며 항의하는 것 같았다. 소리도 힘차게 울리지 못하고 툭툭 꺾였다. 답답한 심정으로 깨진 꽹과리를 치며 아이들을 기다린 지 몇 분. 아이들이 하나 둘 도착했다. 제일 마지막에 들어온 아이는 소포를 들고 있었다.

'새로 온 꽹과리인가? 아니야……, 주문한 지 얼마나 됐다고 벌써 왔겠어?'

이런저런 생각을 하던 나는 그 소포가 꽹과리일 거라는 기대를 접고 다시 연습을 하기 시작했다. 하지만 소포는 나에게 건네졌고, 난 나의 기대가 맞았다는 걸 깨달았다. 얼마나 기다려 왔던가! 얼굴에서 기쁨을 감추려고 노력하며 소포를 풀었다. 작은 동아리실 창문으로 들어온 햇볕에 금빛이 반사되며 아름답게 비쳤다. 설렘과 기쁨을 가득 안고, 꽹과리를 손에 건 나는 채를 잡고 살짝 쳐 보았다.

"쩍! 쩍!"

그런데 뭐라고 말로 표현할 수 없는 이상한 소리가 났다. 나는 깨진 꽹과리보다 못한 소리에 당황스러워 실망을 감출 수 없었다. 설렘과 기쁨이 실망으로 바뀌어 버렸다. 쇠 파이프 두 개를 부딪쳐 내는 소리보다도 못한 소리를 다듬는 건 오로지 나의 노력에 달려 있었다. 겨울방학 내내 꽹과리 소리를 예쁘게 다듬고 말겠다는 굳은 결심으로 열심히 쳤다. 노력이 가상했는지 겨울방학이 끝날 때쯤에는 조금만 더 다듬으면 되겠다는 생각이 들 만큼 소리가 좋아졌고, 내 기분도 덩달아 좋았다. 그저 금속일 뿐인 꽹과리에 생명이 있는 것 같은 생각마저 들었다. 계속 그렇게 소리를 다듬어야 했지만, 나는 이때부터 꽹과리 소리에 신경을 덜 쓰기 시작했다. 거의 다듬었다고 생각했기 때문이다. 하지만 이건 엄청난 착각이었다.

시간은 흘러 어느덧 3월, 동아리 홍보 활동 때문에 꽹과리 치는 연습을 제대로 한 적이 거의 없었다. 방학 때처럼 연습에 신경 쓰거나 꽹과리 소리에 깊은 관심을 두지도 않았다. 이렇듯 관심을 꺼

버린 나에게 당연한 결과가 돌아왔다. 신입생들이 들어오고 다시 연습을 시작했을 때, 꽹과리를 두드리자 이상한 소리가 섞여 들리기 시작했던 것이다. 나의 잘못이었다. 완전히 다듬어지지 않은 꽹과리에서 관심을 꺼 버린 나의 잘못이었다. 다시 치면 괜찮아질 거라는 생각을 가지고 열심히 쳤지만, 소리는 전혀 나아지지 않았다. 자신에게서 관심을 꺼 버린 나에게 화가 났다는 듯 꽹과리는 좀처럼 자신의 소리를 들려주려 하지 않았다.

꽹과리를 칠 때마다 우울해지기 시작했다. 야자 시간에도 집중이 되지 않았고, 이상하게 변해 버린 꽹과리 소리가 머릿속을 맴돌았다. 슬슬 지쳐 가고 있는 걸 느꼈다. 다시 처음부터 시작하고 싶었다. 꽹과리가 처음 왔을 때의 그 마음을 되찾고 싶었다. 뭘 해야 할까 고민하다가, 꽹과리에 이름을 지어 주기로 마음먹었다. 야자 한 시간을 투자해 전자사전을 두드려 가며 지은 이름은 '성휘(聲輝)'였다. '소리 성(聲)', '빛날 휘(輝)'. 제일 처음 꽹과리가 왔을 때 보았던 금빛처럼 언제나 소리가 빛나기를 바라는 마음을 담아 지은 이름이었다. 오직 1년 동안만 나에게서 불릴 이름이었지만, 이름을 짓고 나니 뿌듯하고 책임감마저 들었다. 그리고 연습할 때마다 마음속으로 성휘의 이름을 되새기며 꽹과리를 치니 우울함도 사라지고 더 즐거웠다.

노력하고 있는, 후회하고 있는 내 마음을 알아준 것일까? 다시 꽹과리 소리가 변해 가기 시작했다. 하루하루 소리가 깊어지고 아름다워졌다. 전에 들었던 성휘의 소리와는 다른, 좀 더 성숙한 느낌이었다. 이제 막 어린아이의 티를 벗은 소녀의 노랫소리가 들려오는 것처럼 느껴졌다. 다시는 이 소리를 잃고 싶지 않았다.

언제부터인가 꽹과리를 치고 있으면 친한 친구와 수다를 떨고 있는 것 같다. 기분이 나쁠 때는 나를 달래 주고 기쁠 때는 같이 기뻐해 주는, 고등학교 생활의 가장 큰 즐거움이자 나에게 가장 큰 의지가 되는 친구. 오늘도 다 그만두고 싶을 때, 내 맘을 알아주고 날 잡아 주는 그런 친구와 수다를 떨고 있다. 비록 영원히 내 옆에 있지는 못하겠지만, 함께할 수 있는 시간만큼은 더 아껴 주고 더 많이 사랑해 줄 것이다. 그리고 지금은 나에게만 들리는 성휘의 이야기를 많은 사람들이 들을 수 있는 그런 날을 기분 좋게 상상해 본다.

시애틀의 잠 못 이루는 밤

윤명화

여름방학 보충 교재를 사러 가는 길이었다. 항상 10시까지 야간 자율 학습을 하고 나면 독서실 차에 몸을 싣기가 바빠서 밤인지 낮인지 제대로 느끼지 못하고 살았는데, 오랜만에 밤에 나오니 사뭇 기분이 들떴다. 특별히 구경할 만한 건물도 없고 그렇다고 사람들이 북적대는 것도 아니었는데, 모든 것들이 예뻐 보였다.

"명화, 오랜만에 왔구나."

잊었을 법도 한데 아는 체를 하며 내 이름을 불러 주는 서점 언니 때문에 기분은 더욱 좋았다. 얼마 만에 나온 시내인데 달랑 보충 교재만 사고 들어가기가 아쉬웠다. 그래서 너무 작고 초라해서 시내라고 불리기에는 고개를 갸우뚱거릴 만한 시내를 걸었다. 여전히 변함없는 건물들, 바뀌어도 큰 변화가 없는 건물들 속에서 문득 내 시선을 사로잡은 건물이 하나 있었다. 우중충한 건물들 사이에서 보석처럼 빛나는 작고 아담한 집이었다. 붉은 조명이 은은하게 비치고, 사람들은 북적대지 않고 손님 세 사람 정도와 직원 한 명이 있는, 조용한 음악이 흐를 것 같은 분위기의 카페였다. 그러나 정작 나의 시선을 사로잡은 결정적인 이유는 이 카페의 간판이었다. '시애틀의 잠 못 이루는 밤'이라는 너무도 매력적인 이름 때문이었다. 카페 안으로 들어갈까 말까 망설이다가 나는 결국 들어가지 못하고 길 건너편에서 건물을 바라보며 감탄만 하다가 집으로 돌아왔다.

 2학년 여름방학 보충수업에 익숙해질 무렵, 그날도 어김없이 오후 자습까지 마치고 집으로 돌아왔다. 저녁을 먹고 독서실에 가서 잠깐 졸다가 습관처럼 커피 한 잔 마시러 나왔는데, 보충 교재 사러 간 날 보았던 카페가 불현듯 뇌리에 스치며 갑자기 너무나 가고 싶어졌다.

 내가 처음 커피를 마시기 시작한 것은 중2 여름방학 때였다. 특강으로 장장 세 시간에 걸쳐 영어 수업을 들었는데 너무 지겨웠다. 졸음은 왜 그리도 쏟아지던지……. 그래서 친구는 커피에는 카페인 성분이 있어 졸음을 막아 준다며 맛나게 캔 커피를 마셨다. 하지만 커피란 '어른들이 마시는 차'라는 고정관념이 있던 나는, '이제 겨우 열다섯 살인데…….' 하고 커피 마시기를 주저했다. 그러다 방학 특강이 중간에 접어들 무렵부터 나도 모르게 커피에 손을 대기 시작했다. 무더운 날씨에 세 시간이라는 빡빡한 수업을 듣는 것이 너무 힘에 부쳤고, 무엇보다도 밀려오는 졸음을 주체할 수 없었기 때문이다.

 그런데 정말 커피의 힘이었을까? 이후 나는 졸리지도, 쉽게 피곤하지도 않았다. 단, 커피를 처음 마시기 시작한 며칠간은 약간 속이 쓰렸지만 곧 사그라졌다. 졸음이 오지 않는데 그런 것쯤이 대수이랴! 나는 빠르게 커피에 길들어 갔다. 커피를 안 마시면 잠이 올 것 같아서 여름방학 특강이 끝나고도 계속 마셨다. 엄마는 내가 커피 마시는 걸 좋아하지 않았기 때문에 대놓고 마실 수 없어 몰래 캔 커피를 사다가 먹고는 빈 캔을 가방 깊숙한 곳에 넣어 두었다가 학교에 가서 버리곤 했다. 하지만 꼬리가 길면 밟힌다고, 나는 엄마에게 들키게 되었고 엄마는 단호하게 커피를 못 먹게 하셨다. 하지만 나는 이미 커피에 길이 들어 마시지 않을 수 없었다. 결국 고등학생 때부터는 엄마가 직접 커피를 사다 주셨다. 캔 커피는 맛이 너무 강하다고 순하고 부드러운 것으로.

  고등학교에 들어가서 처음 본 중간고사에서 예상 외의 성적표를 받아 들고 나는 참담했다. 꿈도 사라지고 무엇을 해도 의욕이 나지 않았다. 그리고 약 2년 가까이 마셔 온 커피에 대해서도 거부감이 들었다. 이때까지 커피를 마셨던 것은 졸음을 쫓으면서 공부한 만큼의 성적이 나왔기 때문이다. 나는 정말 커피 마시는 것 자체를 즐기고 싶어서가 아니라 단지 졸음 방지용으로 커피를 약처럼 복용해 왔던 것이다. 이런 사실을 깨달은 후부터 나는 달콤하고 향이 좋은 카푸치노를 마시다 쓰고 맛없는 블랙커피로 바꿨다. 그리고 새로운 다짐을 하고 목표도 새로이 세웠다.

  커피란 여전히 나에게는 잠을 깨기 위해서 마시는 것이다. 그러나 언젠가부터, 한시도 책에서 눈을 떼지 못하게 하고 때로는 답답하게 느껴지는 학교생활에 조그마한 여유와 더 많은 공부를 하기 위한 재충전으로서의 쉼표로 커피를 마시게 되었다.

보충수업도 끝나고 여름방학 마지막 날, 나는 사야 할 책이 있다는 핑계로 시내에 나왔다. 그리고 들어갈까 말까 하고 망설였던 '시애틀의 잠 못 이루는 밤'이라는 카페에 들어가서 미리 사진으로 찍어 두었던 라떼 마끼아또를 주문했다. 졸음을 쫓기 위한 수단으로서가 아니라 진심으로 커피를 즐기기 위해서 주문했다. 영화나 텔레비전에서 본 것처럼 쿠키와 함께 커피를 마시는 것은 무척 즐거웠다. 지금의 즐거움을 대학생이 되어서 길게 길게 누릴 것을 살짝 약속하고, 그날은 일찍 잠자리에 들었다.

나처럼 매일매일 커피를 마시며 대학 입시를 위해 열공하고 있는 반 친구들과 함께 언젠가는 카페에서 이야기를 나누며 커피 한 잔 즐길 수 있는 그런 시간을 갖고 싶다.

내 마음의 첫눈

이현정

일요일 아침, 창문으로 밝은 빛이 방 안 가득 들어왔다. 밝게 들어오는 햇빛 때문일까? 상쾌한 마음으로 대청소를 시작했다. 먼저 내 책상 안에 있는 물건들을 다 꺼내 정리했다. 초등학생 때 받았던 상장들과 친구들과 주고받았던 편지들이 보였다. 웃으면서 편지들을 하나하나 읽다 보니 그때의 기억이 살며시 떠올랐다.

초등학교 4학년 때의 일이다. 아버지의 인사 발령 때문에 제주도로 전학을 가게 되었다. 처음 가는 전학이라 조금은 두려운 마음이었고, 기분이 좋지만은 않았다.

학교에 가는 첫날, 새로운 친구들은 나를 육지에서 전학 온 아이라며 조금 신기해 했다. 그런데 남자아이 한 명이 자꾸만 나를 놀리는 것이었다. 한 달이 가고 두 달이 가도 그 아이와는 친해지지 않았다. 나는 그 아이에게는 아는 체도 하지 않았다.

그러다 학교에서 가을 소풍을 가게 되었다. 친구들과 도시락을 먹고 있었는데 갑자기 그 아이가 한라봉을 나에게 던지듯이 주고는 그냥 가 버리는 것이었다. 주위에 있던 친구들이 놀리는데, 너무 부끄러웠다. 나는 평소에는 시큰둥하던 아이가 나에게 한라봉을 준 이유가 친구들이 날 놀리게 하기 위해서라고 생각했다. 난 뭐 이상한 거라도 묻어 있나 싶어 한라봉을 한참 살피다가 결국 옆에 있는 친구에게 먹으라고 주어 버렸다.

　소풍을 다녀오고 나서 나는 열이 심해 병원에 들렀다가 학교에 늦게 갔다. 새로 자리를 바꾸었는지 다들 자리가 바뀌어 있었다. 선생님께서는 내 자리를 찾아 주셨는데, 그 자리를 보고는 울고 싶었다. 나를 놀렸던 그 아이가 바로 내 짝꿍이었다. 나중에 선생님께 짝꿍이 많이 불편하다고 바꿔 달라고 말씀을 드렸더니 그 아이가 선생님께 내가 왜 안 오느냐고, 언제 오느냐고 계속 물었다는 것이다. 나는 좀 의아했다. 다른 친구들이랑은 잘 놀면서 나에게만 시큰둥하게 대하던 아이였다.

　생각했던 대로 그 아이와 짝꿍을 하는 것은 많이 힘들었다. 시간이 흘러서 '빼빼로 데이'에 그 아이는 나에게 오더니 아무 말도 없이 빼빼로 한 통을 주었다. 당황스러운 마음에 한참을 가만히 있었다. 그리고 아무도 없는 곳으로 나와 열어 보니 그 안에 편지도 같이 있었다. 편지를 읽고 나서 나는 어색해서 그 아이를 볼 수가 없었다. 몇 개월이 지나도 사과 한 번 제대로 하지 않던 아이였다. 그런 아이가 별말도 없이 "미안해."라고만 적혀 있는 쪽지 같은 편지와 함께 빼빼로 한 통을 준 것이었다.

고마운 마음에 그 아이에게 편지를 썼다. 그러자 그 아이도 나에게 답장을 써 주었다. 그 아이와 편지를 주고받는 것은 즐거움이 되어 갔고, 점점 쌓여 가는 편지처럼 그 아이가 좋아졌다. 그러던 중 그 아이가 편지에 나를 "좋아한다."라고 썼다. 나는 조금은 당황스럽기도 했지만 속으로는 좋았다.

편지로 가까워진 우리는 친구들이 놀리기라도 할까 봐 주로 편지로 많은 이야기를 나누었다. 그리고 겨울이 다가왔다. 제주도에는 눈이 자주 오지 않는다고 했다. 그래서 그 아이와 나는 첫눈 오는 날, 학교 운동장에서 만나기로 약속했다.

그러던 어느 날 초저녁쯤이었을 것이다. 기다리던 첫눈이 드디어 내렸다. 나는 그 아이에게 줄 편지를 들고 학교로 뛰어갔다. 걸어서 5분쯤 거리의 학교가 그때는 멀게만 느껴졌다. 기대 반, 의심 반으로 운동장에 도착했을 때 그 아이는 없었다. 실망감이 너무 커 가슴이 아렸다. 그래도 혹시나 오지 않을까 하는 마음에 계속 기다렸다. 한참 뒤에 집으로 갈까 고민하고 있을 때 그 아이가 뛰어오는 것이 보였다. 서운함과 실망감이 뒤엉켜 울고 싶던 마음이 포근하게 눈 덮인 운동장처럼 따뜻해졌다.

그런데 막상 그 아이가 가까이 오자 민망하기도 하고 쑥스러워서 자연스럽게 말을 할 수 없었다. 우리는 벤치에 앉아 어색한 대화를 나누다가 서로 편지를 건네고 집으로 가려고 일어섰다. 그런데 그 아이가 손을 살짝 잡으면서 정문까지 같이 가 준다는 것이었다. 옷소매 밖으로 나온 손목은 시렸지만 그 아이와 잡은 손은 따

듯했다. 조금씩 쌓여 있는 눈 위로 발자국을 내며 그 아이와 걷는 동안, 잡고 있는 손처럼 마음도 점점 따듯해졌다. 그렇게 손을 잡고 걷다 보니 어느새 정문에 도착했고, 그 아이는 잘 가라는 인사를 하고서 후문으로 막 뛰어갔다. 따듯했던 손이 갑자기 차가워졌다. 나는 뛰어가던 그 아이의 모습이 사라질 때까지 한참을 바라보았다.

집에 도착하고 나서야 나는 아차, 싶었다. 어떻게 말해야 할지 몰라 계속 미뤄 왔던 일이 있었다. 아버지께서 직장을 옮기셔서 다시 예전에 살던 곳으로 전학을 가게 된 것이다. 뒤늦게 좋아진 그 아이와 헤어지기가 너무 싫어서 이야기하는 것을 미루다 보니 어느새 개학날이 되었다. 이제 그 아이를 볼 날이 며칠 남지 않았다.

그 아이는 어디서 내가 전학 간다는 이야기를 들었는지 며칠 동안 시큰둥하게 말도 잘 하지 않았다. 그 아이의 시큰둥함에 너무 속상했다. 전학 가는 날 아침에 그 아이는 마지막이 될 편지를 내게 주었다. 모두에게 인사를 하고 교실을 나와 걸어가면서 아쉬운 마음에 뒤돌아보았더니, 창문으로 고개를 내밀고 손을 흔드는 그 아이의 모습이 보였다. 서로 그렇게 한참 동안 손을 흔들어 주었다. 그것이 그 아이와의 마지막이었다.

눈물 자국이 있는 마지막 편지를 다 읽고 나니, 조금은 설레면서도 그때가 그리워진다. 그 아이가 툭 던져 주고 갔던 한라봉, 첫 편지와 함께 준 빼빼로, 많은 편지들, 가장 아름다웠던 첫눈, 마음까지 따듯해지던 그 아이의 손, 함께한 추억들이 너무나 소중하다. 그 아이와 나눈 풋풋하고 소중한 감정들과 추억들이 영원히 내 마음속에 자리 잡고 있을 것만 같다.

  가슴 가득 차오르는 감정을 뒤로하고 편지를 다시 반듯하게 접어 두었다. 어쩌면 가장 아름다웠던 첫눈처럼, 그 아이는 내 마음속의 첫눈 같은 사람으로 자리 잡고 있는 것은 아닐까? 그 아이를 생각하면 언제나 설렘과 그리움이 몰려온다. 티끌 없이 하얀 마음까지 첫눈을 닮았던 아이, 그 아이를 닮은 첫눈이 그리워진다.

자전거 여행

김선진

여름방학 때인 어느 주말 오후, 방학 동안에도 계속되는 수업과 선생님들의 은근한 압박, 그리고 덤으로 얹힌 또 하나의 숙제에 나는 지쳐 가고 있었다. 고3이 다가오는 시점에서 받는 스트레스도 한몫했다.

움직이기도 싫고, 생각하기도 싫고, 아무것도 하기 싫고……. 해야 할 일은 쌓여 가는데 의욕은 점점 떨어졌다. 그렇게 멍하니 앉아만 있는 내가 너무나도 한심하게 느껴져서 화도 나고 짜증도 났다. 하지만 무엇이라도 해야겠다 싶어 밖으로 나가기로 했다. 목적 없이 나가는 것은 일종의 반항 같아서 그동안 미뤄 왔던 피부과 치료를 받기로 했다.

우리 집과 병원은 꽤 멀리 떨어져 있었다. 그래서 나는 자전거를 타고 나갔다. 가라앉아 날카롭기만 했던 내 신경도, 음악을 듣고 자전거 페달을 밟으면서 조금씩 풀어지기 시작했다. 시원한 바람을 느끼며 시내 쪽으로 나가 금방 치료를 받고 집으로 돌아오는 길. 그냥 들어가기에는 그날의 날씨가 너무나도 좋았다. 꽤나 오랜 시간을 고민하다가 나는 결국 조각 공원 쪽으로 멀리 돌아가는 길을 택했다.

햇살은 강렬했다. 사람들은 하나같이 손으로 그늘을 만들거나 부채를 부치며 짜증을 내고 있었다. 그러나 환하게 비추는 태양을 좋아하는 나로서는 날씨가 무덥더라도 신바람이 났다. 하늘은 투명한 푸른빛을 띠고 있었고, 구름은 티끌 하나 없이 새하얗게 빛났다. 끝없이 펼쳐지는 천공의 푸른 바다. 나는 자전거를 타고 정신없이 그 바다를 헤엄쳐 갔다.

한참을 그렇게 달리다 주위를 둘러보았다. 그런데 내가 탄 자전거가 어느덧 직지천 다리를 건너 조각 공원과 강변 공원을 잇는 산책로로 들어서 있었다. 나는 나무들이 길 따라 나란히 줄지어 서 있는 그 길을 자전거 페달을 밟으며 또 그렇게 신바람 나게 달렸다. 돌돌돌 바퀴를 굴릴 때마다 느껴지는 시원한 바람. 나는 아름다운 자연도 좋아하지만 이렇게 자전거를 타면서 느낄 수 있는 상쾌한 바람도 참 좋아한다.

아무것도 생각하지 않고 그저 바람 속을 달리면서 내 기분도 조금씩 조금씩 풀려 갈 즈음, 눈에 띈 것은 직지천을 가로지르고 있는 징검다리였다. 소설《소나기》의 소년 소녀가 있을 법한 그 징검다리에 나는 시선을 빼앗기고 말았다. 길 한편에 자전거를 세워두고 돌 하나하나를 조심조심 밟으며 강 반대편으로 건너갔다. 무성한 풀숲을 헤치고 바라본 들판에는 푸른 잔디가 저 멀리까지 덮여 있었다. 지루한 일상에서 벗어나 맛보는 달콤한 낙원. 내가 꿈꿔 왔던 풍경들을 그날 나는 모두 볼 수 있었다. 지쳐 있던 내 몸과 마음을 편안하게 해 준 그 광경이, 그때의 기분이 나는 아직도 잊히지 않는다.

그날 나는 후련한 마음으로 집으로 돌아올 수 있었다. 그 자그마한 일탈로 나는 다시 일어설 수 있는 힘을 얻은 것이다. 내가 너무 조급해 했던 건 아닐까 하는 반성과 함께 아직 갈 길은 많이 남았다고, 느리더라도 지치지 않게 천천히 나아가도 괜찮을 거라고 나를 다독였다.

언제, 누구한테서인지는 모르겠지만 "인생은 여행이다."라는 말을 들은 적이 있다. 그렇다. 우리 모두는 여행자다. 나름대로의 여행지를 정해 놓고, 여행을 하고 있는 것이다. 어떤 사람은 걸어갈 것이고, 어떤 사람은 기차를 타고 갈 것이다. 한번 정한 목적지로 끝까지 가는 사람도 있을 것이고, 또 그저 헤매면서 여기저기 둘러보는 사람도 있을 것이다. 그러니 걱정하지 말자. 나는 지금, 아직 정해지지 않은 내 나름의 종착역을 향해서 자전거를 타고 앞으로 앞으로 나아가는 것이다. 다른 사람과 가는 길이 다르면 어떤가, 또 천천히 가면 좀 어떤가. 즐기면서 나에게 맞춰서 나아가면 되는 것이다. 나를 위한 여행이니까, 내가 만족하고 행복하면 되는 것이다.

울퉁불퉁한 비포장 길, 힘겨운 오르막길, 가파른 내리막길, 물 고인 웅덩이, 비와 눈이 내리는 악천후······. 내 앞길에는 많은 고

난들이 있겠지만 나를 응원해 주고 다독여 주는 싱그러운 바람과 시원한 샘물을 벗 삼아, 오늘도 나는 내일을 향해 자전거 페달을 굴리며 나아간다.

4부

더 필요한 것

남예진 | 김예빈 | 박지영 | 김예나 | 김지혜
신혜연 | 백경원 | 박소영 | 송미진 | 김정은

창밖의 이야기

남예진

야간 자율 학습이 끝난 늦은 밤, 피곤한 몸을 이끌고 집에 돌아오면 나는 언제나 내 방 창문을 열고 창밖을 본다. 더울 때나 추울 때나 비바람이 불더라도 내 일과 가운데 그때가 가장 편안한 시간이기 때문이다.

'맛 고을'이라는 이름이 붙은 우리 동네는 음식점이 많아 항상 사람들이 많이 다닌다. 소음이 없는 것은 아니지만 다행히 내 방 창밖으로는 가까운 공원도 보이고 멀리 있는 기찻길도 보여서 잠시 눈을 쉬기에는 너무 좋다.

내가 〈TV동화 행복한 세상〉을 떠올리게 하는 두 사람을 만난 건 그 창을 통해서였다.

어느 날, 트럭 한 대가 장미 꽃을 가득 싣고 와 한쪽에 자리를 잡았다. 트럭에 타고 있던 아저씨는 빈 공터 옆 어두운 곳에서 불을 환히 켜고 꽃을 파셨다. 사람들이 많이 다니기는 하지만 저런 곳에서 꽃이 잘 팔릴까 하는 걱정을 했는데 그것은 기우(杞憂)였다. 꽃은 매일 아주 잘 팔렸다.

　아저씨는 꽃을 사는 사람에게뿐만 아니라 그냥 지나가는 사람에게도 언제나 환한 미소를 보내 추운 겨울을 녹여 주는 듯했다. 그러던 어느 날, 학교에서 돌아와 습관처럼 밖을 보았는데, 꽃을 파는 아저씨의 트럭 맞은편에 따뜻한 김을 뿜는 군밤 굽는 통이 자리 잡고 있었다. 그러나 사람들은 군밤보다는 꽃이 더 좋았나 보다. 꽃 트럭 옆에는 항상 손님들이 몰렸는데, 군밤 장수 아저씨는 부러운 듯 바라보기만 했다. '저 아저씨도 장사가 잘되어야 할 텐데…….' 공연히 마음이 쓰였다. 혼자서 불을 쬐고 있는 모습을 볼 때면 더욱 안쓰러웠다.

　아마도 사람들은 같은 처지에 있는 사람들과 더 가까워지는가 보다. 하루하루 지날수록 꽃 장수 아저씨와 군밤 장수 아저씨가 함께 있는 모습이 자주 보였다. 바람이 찬 날은 꽃 장수 아저씨가 뜨거운 국물과 술을 사 와 군밤 굽는 통 옆에서 함께 몸을 녹이고, 꽃 장수 아저씨가 바쁜 날은 군밤 장수 아저씨가 빗자루를 들고 장미에서 쳐 낸 가지들을 쓸어 모았다. 아저씨들은 그렇게 더욱 친해졌다.

　꽃이 늘 군밤보다 더 잘 팔렸지만 군밤 장수 아저씨는 이제 바라보고만 있지 않으셨다. 꽃을 사 가는 사람들에게 군밤을 하나씩 나누어 주며 "감사합니다." 하고 함께 인사를 했다. 추울 때는 군밤 굽는 통 옆에서 함께 불을 쬐고, 지나가는 사람들이 없으면 먹을거리를 나누어 먹으며 나날이 돈독해져 가는 두 사람의 모습이 그냥 보기 좋았다.

그렇게 겨울이 다 지나갈 무렵이었다. 나도 새 학년을 준비하며 바쁘게 보냈고 사람들도 새로운 시작을 준비하고 있었다. 새로운 시작, 하지만 그것은 또한 창문 밖에서 펼쳐지는 행복한 세상을 조금씩 조금씩 가져가 버리고 있었다. 공터에 새 건물을 짓기 시작한 것이다. 아저씨들도 자주 보이지 않으셨다. '이대로 다른 곳으로 가 버리신 건가? 겨울이 다 지나가는데 군밤 장수 아저씨는? 꽃 팔던 아저씨는 어디로 가셨을까? 이젠 아저씨들의 모습을 보지 못하는 걸까?'

창밖을 보면 서운하고 허전했다.

지금은 창밖에 아저씨들이 없다. 새 건물이 아저씨들의 우정과 웃음이 있던 그 자리를 덮어 버렸다. 아저씨들은 그렇게 떠났지만 어디에선가 이제는 친구로 만나고 있지 않을까? 왠지 나 혼자만이라도 그렇게 믿고 싶어진다. 아빠가 꽃을 사 오실 때나 동생이 군밤이 먹고 싶다고 할 때면 나는 창밖을 보는데, 어쩐지 자꾸만 허전해진다.

그동안 두 사람을 보며 내 생활의 고단함을 위안 받았나 보다. 정착하지 못하고 이리저리 떠밀려 다닐 수밖에 없는 현실이지만, 항상 웃음을 잃지 않고 따뜻한 마음을 베풀 줄 아는 그들의 삶을 나도 배우고 싶다.

오늘도 야간 자율 학습이 끝난 늦은 밤, 창밖을 본다. 그러면 내게는 여전히 불을 쬐며 이야기를 나누던 아저씨들의 모습이 보인다. 새 건물에 가려 두 분이 계시던 도로조차 잘 보이지 않지만, 장미꽃을 사 가지고 가는 손님에게 군밤을 나누어 주는 군밤 장수 아저씨, 뜨거운 국물을 사 들고 뛰어오는 꽃 장수 아저씨가 보이는 것만 같다.

　군밤 냄새가 난다. 기억 속의 따뜻한 모습들이 밤하늘을 덮는다.

라일락 향기의 시작

김예빈

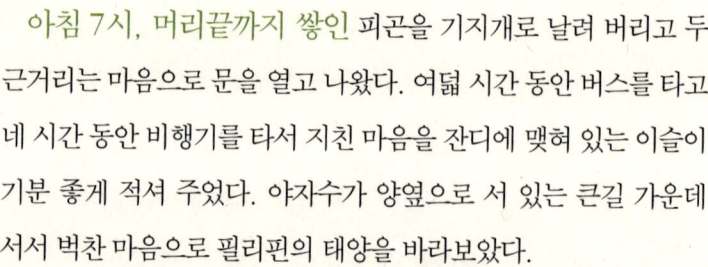

아침 7시, 머리끝까지 쌓인 피곤을 기지개로 날려 버리고 두근거리는 마음으로 문을 열고 나왔다. 여덟 시간 동안 버스를 타고 네 시간 동안 비행기를 타서 지친 마음을 잔디에 맺혀 있는 이슬이 기분 좋게 적셔 주었다. 야자수가 양옆으로 서 있는 큰길 가운데 서서 벅찬 마음으로 필리핀의 태양을 바라보았다.

오늘 하루도 성실히 살 것을 기대하며 우리 교회 일행은 차에 짐을 싣고 첫 번째 봉사 활동 장소인 아이타 원주민 마을로 향했다. 마을에 가까워질수록 심해지는 덜컹거림과 줄어드는 텔레비전 안테나가 그곳이 얼마나 가난하고 혜택받지 못한 지역인지를 말해 주었다. 도착해 보니 역시 생각했던 대로였다. 대부분 흙이나 나무로 집을 지었는데, 지붕이 없었다. 텔레비전에서만 보았던, 음식을 먹지 못해 배가 불뚝 튀어나온 아이도 몇몇 있었다. 아이들이 입고 있는 옷은 너무나도 커서 바람이 불면 옷이 아이들을 잡아먹을 것만 같았다. 옷 중에는 유명 상표의 옷도 있었지만 모두 오랫동안 입어 너덜너덜하고 색이 바랬다. 생각해 보니 그 옷들도 누군가가 기부한 것이었다.

  마을 입구 근처 공터에 자리를 잡고 혈압을 재는 곳과 진료하는 곳, 약국을 설치했다. 소문을 들어서인지 정말 많은 사람들이 찾아와 줄을 서서 기다렸다. 나는 의사도 아니고, 약사도 아니고, 간호사도 아니라서 학생인 내가 할 수 있는 일은 청소하는 것뿐이었다. 정리가 끝나자, 진료하는 곳 근처에서 구경을 했다. 필리핀에서는 영어도 쓰지만 원주민들은 따갈로그어를 쓰므로 진료하는 데 통역이 필요했다. 정말 많은 환자들이 왔지만 대부분은 말라리아에 걸린 사람들이었다. 또 태어난 지 얼마 되지 않는 언청이 아기도 있었다. 아기가 언청이로 태어나는 경우는 산모의 영양 부족이 원인이라고 했다. 엄마가 가난해 잘 먹지 못해서 작고 죄 없는 아기에게까지 영향을 미친다고 생각하니 마음이 아팠다. 그 아이는 영양 상태가 너무 나빠서 곧바로 수술을 할 수 없었다.

  그곳에서 가장 가슴에 와 닿았던 사람은 말라리아에 걸린 여자아이였다. 아이의 엄마가 그 아이를 힘겹게 안고 찾아왔다. 아이의 눈동자는 초점이 없고, 흰자위만 눈에 가득했다. 이미 늦어서 손을 쓸 수도 없는 상태였다. 아이의 엄마는 울었다. 말라리아 약을 살 수 있는 몇천 원이 없어서 아이는 죽어 갔다. 아무것도, 사랑이라는 것도 모른 채 아이는 죽어 가고 있었다. 그 여자아이의 모습이 내 머릿속에 박혀 여전히 지워지지 않는다.

  똑같은 땅덩어리와 똑같은 시간 속에서 살아가면서 누군가는 나와 정반대의 삶을 살고 있다는 것을 나는 왜 깨닫지 못했을까? 내가 엄마에게 반찬 투정을 할 동안 그들은 굶주린 채 나무뿌리를 쪄 먹고, 내가 사랑을 느끼고 감사할 동안 그들은 죽어 가는 아이를 보며 하나님이 없다고 느꼈을 것이다. 내가 우리 집과 다른 집 형편을 비교하며 부모님을 원망할 때, 그들은 오늘 먹을 양식이 있다는 것만으로도 얼마나 기뻐했을까? 생각해 보니 내가 너무 싫어졌다.

봉사 활동을 끝내고 마닐라로 되돌아갔는데, 아이타 원주민 마을에 비해 너무나도 화려하고 세련된 마닐라를 보고 이런 생각이 들었다. 마닐라에는 대통령이 산다. 서울 청와대에도 대통령이 산다. 미국 워싱턴 백악관에도 대통령이 산다. 중심에는 이 가난과 이 모든 슬픔을 변화시켜야 할, 그리고 변화시킨다고 하는 사람들이 산다. 하지만 현실은 그렇지 않다는 것을 느꼈다. 모든 변화는 중심에서 떨어진 변두리에서 일어난다는 사실을 깨달았다.

문득 한 시인의 시가 생각났다.

라일락 향

이시영

이 세상의 향기란 향기 중 라일락 향기가 그중 진하기로는
자정 지나 밤 깊은 골목 끝에서
애인을 오래오래 끌어안아 본 사람만이 느낄 수 있는 것

나도 내 인생의 라일락 향기를 마음속 깊이 품고서 살고 싶다. 그리고 이 가난과 이 모든 슬픔을 껴안고 변두리로 가서 세상을 변화시키는 사람이 되고 싶다. 먼 훗날 내가 죽어 육신을 화장할 때, 그 연기가 하늘로 올라가 라일락 향 가득한 단비가 되어 내린다면 나는 더없이 행복할 것이다.

사소한 것이 주는 행복

박지영

햇살에 물든 노오란 나뭇잎들이 새초롬한 바람결 따라 바스락거리는 청아한 가을날이었어요. 치과를 다녀오는 길이었는데, 주말이라 그런지 기차 안은 아침의 버스만큼이나 만원이었어요. 다리는 아픈데, 북적대는 사람에, 히터의 더운 바람에……. 짜증도 좀 났지요.

그러다 대각선에 서 있는 초등학교 1학년쯤으로 보이는 남자아이와 눈이 마주쳤어요. 참 귀엽게 생긴 아이였는데, 기차를 처음 탔는지 창밖을 보고 이것저것 신기하다는 듯이 입을 다물 줄 모르더군요. 마치 세 살짜리 어린아이처럼요. 혼자 탔을 리 없는데 옆에 앉아 계신 아저씨가 보호자로 보이지는 않았어요. 입을 헤벌리고 맑게 웃는 모습이 너무 예뻐서 계속 지켜봤는데 역시나 그 아이는 혼자 탄 게 아니었어요. 차창에 바짝 붙어서 정신없이 놀다가도 자꾸 뒤를 돌아보기에 나도 무심코 그쪽을 봤더니 세 칸 뒤 좌석에 어떤 할머니께서 앉아 계셨어요. 아마, 그 아이의 할머니였겠죠?

아무튼 그 할머니께서는 무척이나 피곤해 보이셨는데 그러면서도 시선은 계속 세 칸 앞에 앉아 있는 아이를 향하고 있는 거예요. 그래서 그 아이가 정신없이 놀다가도 한 번씩 그쪽을 쳐다보면 손을 흔들어 주고, 웃어 주고……. 사람들이 너무 많고, 또 복잡해서 좌석을 미처 바꾸지 못했던 모양이에요. 몸 돌릴 틈도 없이 꽉 찬 기차 안에서 할머니께서는 마음대로 아이에게 가지도 못하고, 피곤하실 텐데 아이가 걱정되어 잠깐 졸지도 못하셨어요. 그런 할머니를 보면서 '할머니께서 참 힘드시겠다.' 하는 생각이 들기보다 그냥 두 사람 다 행복해 보였어요. 서로 계속 눈을 맞추고, 웃어 주고, 손을 흔들어 주고……. 저는 그런 풍경이 참 좋아 보였어요. 비록 아이가 온전치 못해도, 할머니가 피곤할지라도.

한참을 그렇게 쳐다봤더니 할머니께서 눈치채신 모양이에요. 할머니께서는 아이에게 전달해 달라는 눈빛으로 제게 사탕을 한 줌 쥐어 주셨어요. 아이는 나에게서 사탕을 받아 들고 잠시 갸우뚱하는 듯하더니 곧 할머니를 향해 콧구멍이 커다래질 정도로 웃어 보이더군요. 그리고 나를 보고 사탕을 보더니 그중에서 하나를 집어 나에게 내미는 것이 아니겠어요! 그 행동이 너무 고맙고 기특해서 꾸벅 인사를 하며 빨간 사탕을 받았어요. 그러자 그 아이는 자신도 기특해 죽겠다는 얼굴로 나를 한 번, 할머니를 한 번 쳐다보며 웃었지요.

그리하여 그날 서울로 떠나는 기차의 3호실에서는 할머니와 한 아이, 그리고 그 아이의 웃음에 전염된 여학생이 함박웃음을 지었지요. 기차에 탄 몇몇 사람들이 그 모습을 흘깃거리며 흥미로워 했고요. 나는 그때 얻은 빨간 사탕 한 개를 아주 소중히 간직하고 있어요. 사탕을 코에 대고 킁킁 냄새를 맡아 보면 달콤하면서도 알싸한 그날의 기억이 냄새로 맡아지거든요.

그리고 나는 사람들이 나에게 준 숱한 웃음의 날들을 기억하고 있어요. 아무것도 아닌 말들에 미친 사람처럼 웃으며 걸어 다니던 날들도, 입가에 묻은 밥풀 하나가 까무러치게 귀엽던 날들도, 눈이 마주치면 서로에게 눈으로 따뜻한 정을 말했던 날들도…….

그날도 그랬답니다. 세상의 참 사소한 것이 의미 있고 큰 기쁨으로 다가오는 그런 날이었어요.

아름다운 눈동자

김예나

비가 연사흘 계속 내리자 예쁘게 웃음 짓던 장미꽃 잎은 검게 녹아 내려 볼품없어지는데, 아무렇게나 내버려 둔 잡초는 초록의 싱그러움을 뽐내며 잘 자라고 있다.

여름을 몰고 가는 비에 가을이 성큼 다가오고 있다. 오늘도 어김없이 하굣길에 올라탄 버스. 유난히 젊은 버스 기사님의 밝은 인사에 덩달아 기분이 좋아진다.

그분 바로 뒤 장애인석에는 오늘도 50대의 아저씨 한 분이 선한 눈빛으로 기사님과 이야기를 주고받으며 웃고 있다. 아니 정확히 말하자면 이야기를 주고받는 것이 아니라 눈빛을 교환한다고 해야 옳을 듯하다. 장애인석에 앉은 아저씨가 온몸을 비틀며 웅웅거리면서 어렵게 이야기하면 기사님은 그저 고개를 끄덕이며 웃음으로 응해 주신다.

처음에 나는 장애인석을 벗어나 멀리 자리 잡기도 했지만, 언제부터인가 장애인석 바로 뒤에 앉거나 곁에 서서 그 두 분을 주시하게 되었다. 마을로 접어들어 달리는 버스의 속도가 떨어지면, 창문을 열고 바람을 손끝으로 만지며 즐거워하고, 후두둑 날아가는 참새 떼를 보며 환호하는 장애인 아저씨는 버스 기사님의 형님이시다. 몸이 온전치 못한 형님을 집에 혼자 두고 다니기가 힘들어서 근무시간이지만 이렇게 곁에 모시고 다닌다는 그분의 이야기를 듣고 감동을 받았다.

"어떻게 보면 이 세상에 완전한 사람은 없어요. 알든 모르든 누구나 하나씩의 장애는 가지고 있으니까요. 부끄러워할 게 아니죠."

"이 세상에는 아무것도 주지 못할 만큼 가난한 사람도 없고, 아무것도 받지 않을 만큼 부자인 사람도 없습니다. 내가 누군가에게 너그러우면 그 사람도 다른 누군가에게 너그러울 것입니다."

들으라고 한 소리는 아니겠지만 기사님의 이야기에 내 가슴 한쪽이 콕콕 찔렸다. 선입견을 가지고 바라본 나의 행동들이 무안하고 부끄러웠다.

혼자 먹으려고 산 조각 케이크를 그분 형님께 내밀었다. 그분은 거절 한 번 안 하시고 빼앗듯이 조각 케이크를 받아서 입가에 크림을 잔뜩 묻힌 채 드시면서 아이처럼 웃으셨다. 참 눈빛이 맑다. 아무 걱정도 없고 욕심도 없어 보이는 눈빛이다. 잘난 체하고 으스대며 자존심을 다칠까 봐 목에 힘주며 살아가는, 옳고 그름을 떠나 나에게 도움이 되면 받아들이고 아니면 버리는 이기심에 물든 나의 눈빛과는 다르다. 그리고 내가 내릴 곳을 정확하게 아시는 장애인 형님이 나 대신에 벨을 눌러 주셨다. 그분의 행동에서, 나눔이란 다른 사람의 삶뿐 아니라 나 자신의 삶까지도 구원하는 것이라는 아주 중요한 사실을 깨닫는다.

그분들을 알게 된 후로 나는 봉사 활동을 다니시는 어머니를 따라 매주 토요일에, 노인 복지시설인 '평안의 집'을 방문한다. 치매와 중풍으로 쓰러진 노인 분들만 계시는 곳이라 어린 우리들이 가면 그분들은 친손녀 손자처럼 반겨 주시고 하얀 손수건에 곱게 싸 둔 사탕도 내미신다.

나는 눈을 보면 그 사람을 알 수 있다. 외로워 하는 사람의 눈빛은 사슴 눈망울처럼 처량하다. 고독한 사람의 눈망울은 호수처럼 물빛이 찰랑거린다. 그러나 사랑을 나누는 사람의 눈빛은 바람을 타고 먼 곳까지 날아가는 연처럼 힘찬 펄럭거림이 있다. 하늘에 닿을 듯 푸르고 힘차다.

장애인 형제의 사랑과 실천은 잠자고 있던 나의 모성애를 자극해서 '나눔'이라는 세상을 바꾸는 아름다운 힘을 기르게 했다.

버스에서 따뜻한 마음을 나누고 내리는 발걸음이 참 가볍다. 저녁노을보다 더 고운 빛깔의 작은 사랑이 내 가슴에 물든다.

까만 마음

김지혜

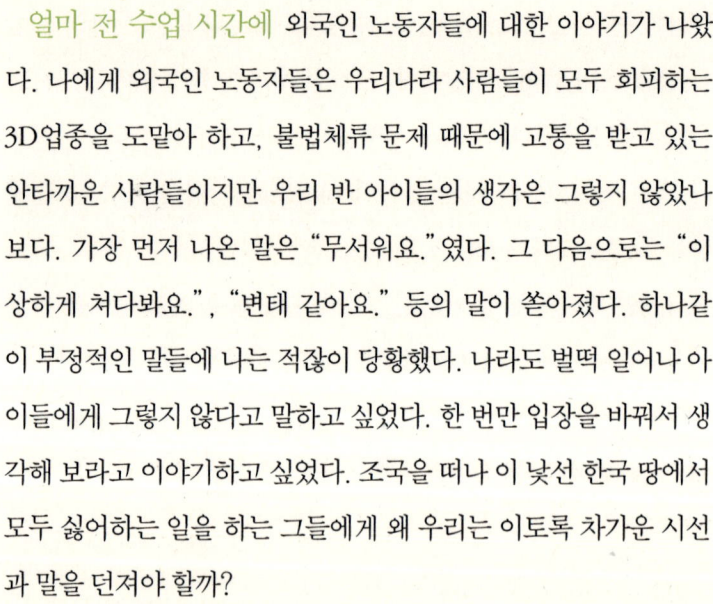

얼마 전 수업 시간에 외국인 노동자들에 대한 이야기가 나왔다. 나에게 외국인 노동자들은 우리나라 사람들이 모두 회피하는 3D업종을 도맡아 하고, 불법체류 문제 때문에 고통을 받고 있는 안타까운 사람들이지만 우리 반 아이들의 생각은 그렇지 않았나 보다. 가장 먼저 나온 말은 "무서워요."였다. 그 다음으로는 "이상하게 쳐다봐요.", "변태 같아요." 등의 말이 쏟아졌다. 하나같이 부정적인 말들에 나는 적잖이 당황했다. 나라도 벌떡 일어나 아이들에게 그렇지 않다고 말하고 싶었다. 한 번만 입장을 바꿔서 생각해 보라고 이야기하고 싶었다. 조국을 떠나 이 낯선 한국 땅에서 모두 싫어하는 일을 하는 그들에게 왜 우리는 이토록 차가운 시선과 말을 던져야 할까?

　김천은 작은 도시라서 그런지 노동자들을 제외하곤 외국인들을 만나는 일이 적다. 어쩌다 시내에서 백인들이 지나가기라도 하면 사람들의 눈은 모두 그 사람들에게로 향한다. 어떤 이는 힐끗 쳐다

보며 옆 사람과 소곤거리기도 하고, 빤히 쳐다보는 이도 있고, 킥킥대며 "수업 시간에 배운 영어 한 토막 실습해 볼까?" 농담하는 철없는 학생들의 무리도 있다. 그런 장면들을 바라볼 때면, 머릿속에는 백인의 입장이 된 나와 백인들을 바라보는 한국인의 입장이 된 외국인 노동자들의 모습이 그려진다. 우리가 백인들을 쳐다보는 것과 똑같이 그들도 나를 바라보고 있을 뿐이지만, 다른 사람들의 눈에는 그것이 '이상하게 쳐다보는 것'이 되어 버린다. 우리가 백인들을 보고 친구와 소곤거리는 것과 같을 뿐인데, 아이들의 머릿속에는 그것이 '변태 같은 행동'이라고 각인되어 버리는 것이다. 입장을 바꿔 생각하는 것이 얼마나 중요한 것인가 다시 한 번 깨닫게 되는 지점이다. 나는 자신의 행동은 생각하지 않고 우리와 조금 다르고, 피부색이 조금 검다는 이유로 그들의 행동을 행패라고 몰아붙이는 아이들의 아전인수 식 태도에 조금 질려 버렸다.

우리보다 피부가 검다고 해서 그들의 마음까지도 까만 것은 아니다. 한 달 전쯤 아버지께서 들려주신 이야기는 나에게 작은 웃음을 짓게 하고, 그 문제에 대해서 다시 생각해 볼 수 있는 기회를 주었다.

아버지께서는 택시 운전을 하신다. 그날은 시골의 할머니 댁에 다녀오시다가 근처 공장에서 나온 외국인 노동자 두 명이 택시를 잡으려고 서 있는 것을 보시고 그 앞에 차를 세우셨다고 한다. 시골에서는 시내까지 나가는데 찻삯을 정해 놓고 가는 경우가 많은

데, 이 두 사람은 손가락 다섯 개를 펴며 외쳤다고 한다.

"아저씨! 시내까지 5000원! 5000원!"

"아니야. 4000원에 가자."

아버지께서는 조금 생각하시다가 그 사람들이 과하게 불렀다고 판단하셨는지, 손가락 네 개를 펴 보이셨다고 한다. 그런데 갑자기 그 두 사람이 안 된다며 계속 5000원에 가자고 했다는 것이다. 아직 한국어에 서툴러서 혹시나 속을까 봐 주위 사람들이 꼭 5000원만 내라고 신신당부를 한 모양이었다. 아버지께서 웃으시며 5000원보다 4000원이 한 장 덜 내는 거라고 그들에게 설명해 주셨다고 한다. 그러자 그들은 "아저씨, 고마워요."라고 하며 곧바로 택시에 올라탔단다. 아직 우리나라에서 생활하는 것이 익숙하지 않아서 발생한 작은 해프닝이었다. 고집스럽게 5000원을 고수하는 그들의 모습과 작은 친절에는 선뜻 말하기 쉽지 않은 "고마워요."라는 말 한마디에서 나는 참 따뜻하다는 느낌을 받았다. 겉으로 보이는 그들의 피부색처럼 까만 마음이 아닌 하얀 마음을 보았다. 그리고 어쩌면 그 전까지 돈 몇천 원 더 받기 위해 그들을 속였을지도 모르는 택시 기사 아저씨들의 까만 마음을 보았다. 더 나아가 이때까지 그들을 대했던 우리들의 까만 마음도 함께 보았다.

우리는 가끔씩 뉴스나 다른 매체에서 우리 동포들이 황인종이라는 이유로 다른 나라에서 무시당하고 있다는 소식을 들으면 분개하고, 자기만 잘났다고 생각하는 백인들을 백인 우월주의자들이라며 욕한다. 그렇다면 조국을 떠나 가장 힘든 일을 하며 서럽게 살아가는 외국인 노동자들에게 근거 없는 무시와 경멸의 눈총을 보내는 우리들 또한 '한국인 우월주의자'로 보이는 것은 아닐까? 피부색이 그들보다 조금 하얗다고 으스대는, 까만 마음을 가진 사람들로 비춰지는 것은 아닐까? 우리가 욕해 왔던 사람들과 같은 행동을 하는, 남의 눈에 있는 티끌은 나무라며 제 눈의 대들보는 보지 못하는 이기적인 사람으로 보이는 것은 아닐까 생각해 보게 된다.

우리들의 믿음

신혜연

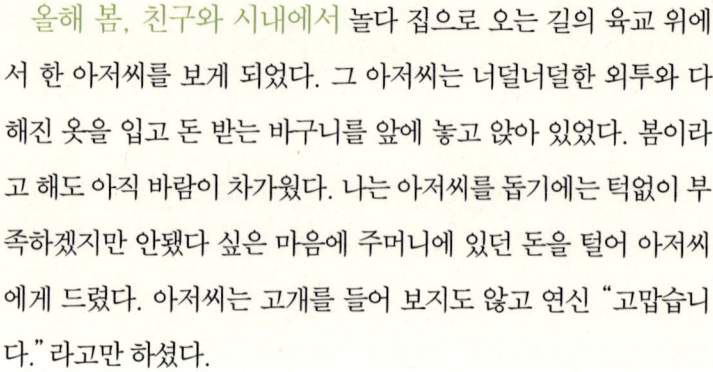

　올해 봄, 친구와 시내에서 놀다 집으로 오는 길의 육교 위에서 한 아저씨를 보게 되었다. 그 아저씨는 너덜너덜한 외투와 다 해진 옷을 입고 돈 받는 바구니를 앞에 놓고 앉아 있었다. 봄이라고 해도 아직 바람이 차가웠다. 나는 아저씨를 돕기에는 턱없이 부족하겠지만 안됐다 싶은 마음에 주머니에 있던 돈을 털어 아저씨에게 드렸다. 아저씨는 고개를 들어 보지도 않고 연신 "고맙습니다."라고만 하셨다.
　아저씨에게 도움이 되었다는 뿌듯한 생각을 하면서 내려오는데, 옆에서 친구가, 요즘에는 저런 사람도 믿으면 안 된다고 하면서 저렇게 가난한 척 위장하고 사기 치는 사람들이 많다고 했다. 늦은 저녁 무렵에 검은 고무포로 하반신을 덮은 채 보드 위에 몸을 올리고 지나다니며 구걸을 하는 사람을 어떤 사람이 우연히 뒤에서 쳐다보며 가게 되었는데, 갑자기 그 사람이 주변을 두리번거리더니 고무포를 벗어 어깨 위에 걸치고 돈을 챙겨 뚜벅뚜벅 걸어갔다는 것이다.

  그 친구는 내가 아저씨에게 돈을 준 것을 아까워하기를 바랐던 것이겠지만, 오히려 나는 그 친구가 더 안타까웠다. 내가 도와준 그 아저씨가 위장한 것일 수도 있다. 그러나 나보다 더 가난하고 곤경에 처한 사람들을 도와주었다는 데 의의를 둔 나는 별로 신경이 쓰이지 않았다.

  이 외에도 지갑을 잃어버려 집으로 갈 차비가 없다며 돈을 좀 달라는 어떤 사람의 말을 듣고 흔쾌히 돈을 빌려 주었는데, 돌아보니 그 사람은 그 돈으로 담배를 사고 있더라는 글도 인터넷에서 읽어 본 적이 있다. 그 글을 쓴 사람은 준 돈이 아깝다고 하면서 이젠 그런 사람들을 믿지 않을 것이라고 했다. 이제 그는 진짜 지갑을 잃어버려서 곤경에 처한 사람을 보더라도 예전의 경험을 떠올려 의심부터 하며 도와주지 않고 그대로 지나갈 것이다.

  이제는 우리가 도와주어야 할 가난한 사람마저도 믿지 못하게 되어 버렸다. 곤경에 빠진 사람을 의심부터 하고 보는 것이다. 다른 사람의 도움이 필요한 그들이 의심의 눈초리까지 받아야 하는 것일까?

  언젠가부터 우리 사회는 서로를 믿지 않게 되었다. 믿었던 친구에게조차 배신당하는 사례가 허다하다. 내 친구 중에 한 명은 친한 친구가 자신의 험담을 하고 다닌 것이 마음에 큰 상처가 되어 친구를 절대 믿지 않는다고 나에게 말한 적도 있다. 그 말을 듣고 내가 진심으로 믿을 수 있는 친구는 몇 명이나 될까 생각해 보기도 했다. 몇 명 떠올랐지만, 그렇다고 그 친구들을 신뢰할 수 있는지에 대한 확신은 없었다.

수업 시간에 이런 이야기를 들은 적이 있다. 예전에는 무전(無錢)여행도 가능했다고 한다. 마을 인심이 좋아 지나가는 나그네가 하룻밤 묵게 되면 저녁 식사도 주고 방까지 내어 주었다고 한다. 그러나 오늘날에는 모르는 사람의 집에서 하룻밤 지낸다는 것이 쉬운 일은 아니다. 하룻밤 잠깐 자고 갈 사람을 쉽게 믿을 수 없으니 의심부터 할 것이며, 두렵기도 할 것이다.

이제는 우리가 이러한 사회 풍조를 조금씩 바꾸어 갔으면 좋겠다. 사람을 믿지 못하는 것을 탓하기 전에 상대방을 먼저 신뢰하고, 신뢰할 만한 자신의 모습을 보여 주어야 할 것이다. 또 다른 사람에 대해서 자신이 가지고 있던 선입견을 모두 없애야 할 것이다. 그래야만 그 사람의 참모습을 알 수 있기 때문이다.

특히 곤경에 처한 사람이 있다면, 자신이 도와줄 수 있는 만큼은 도와주어야 한다. 역지사지(易地思之)라는 말처럼 자신이 그런 상황에 처해 있다고 생각하면서 그 사람의 처지를 의심하지 않고 할 수 있는 만큼 도와주어야 한다.

지금 생각해 보면, 육교 위에 있던 그 아저씨가 거짓 행동을 했든 안 했든 간에 도움이 꼭 필요한 사람에게 그 사람을 의심하지 않고 도와준 일은 잘한 것 같다. 우리는 "저 아저씨, 가짜 아니야?"라고 의심하면서 그냥 무관심하게 지나치지 말고, 그 사람의 처지를 이해하고 한 번 더 돌아보는 사람이 되어야 할 것이다. 딱한 사정이 있는 사람을 의심하기보다 베푸는 마음이 먼저가 아닐까?
 친구도 믿을 수 없고, 이웃도 믿을 수 없고, 심지어는 형제자매도 믿을 수 없다고 하지만 남을 돕는 따뜻한 마음을 가진 사람들이 아직도 주위에 많이 있기 때문에 우리가 사는 세상은 여전히 살맛나는 세상이 아닐까?

더 필요한 것

백경원

'백문불여일견(百聞不如一見)', 나는 이 말에 잘 공감하지 못했다. 수없이 들어서 기대했던 것을 막상 보게 되면 실망하게 되는 경우가 허다했기 때문이다. 그러나 태안에 다녀와서 다른 사람이 어땠느냐고 물어보면 '백문불여일견'이라는 말을 해 주고 싶다.

처음에 태안 기름 유출 사고 소식을 접했을 때 나는 별 반응을 보이지 않고 그저 놀라기만 했다. 아주 큰 피해를 준 사고였지만, 나와는 전혀 상관없는 사고라고 생각했다. 그래서 뉴스에 나오거나 신문에 나오면 훑어보고, 친구들과 수다 떠는 중에 별로 중요하지 않은 화제로만 그 사고를 다루었다.

그런데 기말고사가 끝나고 나자 담임 선생님께서는 태안에 봉사 활동을 가자고 하셨다. 가고 싶다고 희망하는 아이들의 신청을 받는 식이었는데, 나는 그냥 재미있어 보여서 가겠다고 했다. 친구들과 여행을 가고 싶어서, 아니 더 솔직히 말하자면 얼마나 심각한지 내 눈으로 '구경하고 싶어서' 가겠다고 했다. 태안이라는 곳이 생각보다 멀고, 봉사 활동도 많이 힘들 것이라는 부모님의 충고도 내 마음을 바꾸지 못할 만큼 태안에 대한 호기심은 컸다.

태안으로 출발하기 전날에 선생님과 함께 가게 될 친구들이 모여서 약속 시간과 준비물 등을 확인했다. 그리고 다음 날 새벽 4시 20분, 한창 꿈나라에 가 있을 시간에 기차를 타고 먼 곳으로 봉사 활동을 가게 되었다. 나뿐만 아니라 봉사 활동을 가는 대부분의 아이들은 그렇게 이른 시간에 기차를 타는 것이 처음이라 모두들 아주 들뜬 표정이었다.

기차 두 번, 버스도 두 번 갈아타고 총 여섯 시간 이상 걸려 도착한 만리포 해수욕장. 우리뿐만 아니라 전국 각지에서 많은 봉사자들이 모였다. 만조 시간이 얼마 남지 않아서 빨리 준비를 하고 해안가로 갔다. 처음 바위를 봤을 때는 원래 검은색인 줄 알았다. 하지만 가까이 다가가서 보니, 바위의 색이 기름에 찌들어서 보이지 않게 된 것을 알게 되었다. 그러나 돌 하나라도 제대로 닦고 가려던 나의 바람은 닦던 천이 찢어지면서 물거품이 되고 말았다. 아무리 닦고 닦아도 지워지지 않던 기름기……. 어쩌면 지금도 태안 주민들의 마음속에는 그런 기름기가 남아 있을지 모른다. 아니, 평생 남을지도 모른다.

바위를 닦고 주위를 둘러보니, 사람들이 모래사장에 앉아 그곳에 묻은 기름들을 제거하고 있었다. 우리도 자리를 잡고 기름을 닦기 시작했다. 별로 심각하지 않을 줄 알았던 모래사장에는 기름

층이 있었다. 긴 이동 시간으로 지쳐 있었지만 그래도 웃음을 잃지 않고 이야기하며 봉사 활동에 임했던 우리들은 끊임없이 나오는 기름을 보며 입을 다물고 손을 바삐 움직이기 시작했다. 태안 일대에 뿌려진 기름의 양과 비교하면 우리들이 제거하는 기름의 양이 보잘것없다는 것을 알았지만, 고작 몇 시간 닦아서 끝날 수 있는 일이 아니라는 것도 알았지만 우리들의 이런 작은 정성이 조금이라도 도움이 되었으면 하는 마음으로 열심히 기름을 제거했다. 모래를 파면 팔수록 깊이 스며든 기름층이 모습을 드러냈다. 바닷물이 밀려와서 이제 나가야 한다는 담임 선생님의 말을 듣고도 우리는 움직이지 않고 계속 기름을 제거했다. 아마 그 순간만큼은 모두 한마음이었을 것이다.

사실 뉴스와 신문을 통해서 보았던 태안의 모습과 크게 다를 건 없었다. 만리포 해수욕장은 잘 알려진 곳이어서 텔레비전에 나온 곳들과 비교해서 피해가 적으면 적었지 더 심각하지는 않았다. 내가 뼈저리게 느낀 것은 피해 현장의 '참혹함'이 아니라 '아픔'이었다. 태안 기름 유출 사고 소식을 전했던 그 어떤 매체도 아픔까지 실감나게 전달해 주지는 못했다. 그냥 단지 충격을 줄 뿐이었다. 아픔은 내가 진심으로 '느끼는 것'이다. 남이 보여 주는 이미지로 '느껴지는 것'이 아니다. 태안에서는 순식간에 삶의 터전을 잃어버린 채 바다에서 죽어 가고 있을 수많은 생명들의 울음이 들리는 것 같았다. 자유로이 하늘을 날고 싶어도 날개와 몸을 짓누르는 기름 때문에 서서히 죽어 가야 했던 갈매기의 눈물이 느껴지는 것 같았다.

그동안 나는 나와 관련된 일에만 관심을 가졌다. 매일매일 나를 누르는 성적에 대한 압박은 주위에서 일어나는 모든 일로부터 나를 차단시켰다. 주위의 일에 관심을 가질 만한 여유는 밤 10시까지 학교에서 지내야 하는 나에게는 사치나 다름없었다. 그러면서 오로지 점수만을, 내신 등급만을 중요시 여기며 살아왔던 것이다. 그런 나에게 태안에서 보고 경험한 모든 일들은 충격이었다. 자신의 일을 잠시 내려놓고 한마음이 되어 도움을 주려고 달려온 사람들의 모습을 보면서, 세상은 나 혼자 살아가는 곳이 아님을 절실히 깨닫게 되었다. 그 사람들이라고 해야 할 일이 없었겠는가? 나보다 더 급한 일이 많은 사람들도 있었을 것이다. 그러나 아픔을 나눌 줄 아는 마음, 그것은 시험에서 한 문제 더 맞히는 것보다 더 필요한 것이다.

나는 왕복 총 열두 시간에 걸친 긴 여정을 마치고 집으로 돌아와서 몸살에 걸렸다. 그 때문에 크리스마스 날 밖에 나가지도 못하고 집에서 보내야 했지만, 나는 후회하지 않는다. 태안은 나에게 그 이상의 것을 주었기 때문이다.

다리 없는 아저씨

박소영

벌써 그때로부터 12년이라는 세월이 흘러 열여덟 살이 되었지만, 나는 그때의 일을 아직도 생생히 기억하고 있다. 지금도 길을 가다 그때 그 아저씨처럼 물건을 파는 사람들을 볼 때면 자꾸만 가슴이 아프다.

"나도 갈래. 나도 갈래!"

나는 항상 엄마가 가는 곳이면 어디든지 따라가려고 했기에 그날도 엄마 손을 잡고 신이 나서 시장으로 향했다. 시장통은 시끌벅적하고 사람들이 너무 많았다. 행여나 엄마를 잃어버릴까 봐 손을 더 꽉 잡았다. 엄마를 따라서 몇 번 와 보긴 했지만 모든 것이 새로웠다. 뽀글뽀글 돼지 꼬리 같은 파마머리를 하고 과일을 파는 아주머니, 뚱뚱한 몸집에 자기 얼굴보다 더 큰 고기를 썰고 계시는 정육점 아저씨, 목이 터져라 고래고래 소리를 지르시는 옷 파는 아저씨, 이마에 주름이 인자해 보이는 나물 파는 할머니까지 다양한 사람들이 한자리에 모여 있었다. 엄마는 이것저것 필요한 장을 보셨고, 나는 막대 사탕을 연신 빨면서 옆에서 구경을 하고 있었다. 그때였다.

"으악!"

먹고 있던 사탕도 떨어뜨린 채 나는 소리를 지르고 말았다. 그 때문에 주위에 있던 모든 사람들의 눈이 한순간에 나에게로 꽂혀 버렸다.

"무슨 일이야? 응?"

갑작스런 나의 행동에 놀란 엄마는 걱정스러운 눈빛으로 물으셨다.

"아이고, 죄송합니다. 저는 그냥 너무 귀여워서 인사나 한번 해 보려고 발목을 잡았는데 따님이 많이 놀란 것 같습니다."

목소리가 들린 곳으로 시선을 돌린 나는 놀란 가슴을 진정시키기도 전에 그만 울음을 터뜨리고 말았다. 왜냐하면 다리가 없는 어떤 아저씨가 생활용품이 가득 담긴 낡은 노란색 플라스틱 상자를 끌며 길바닥에 엎드린 채로 나를 쳐다보고 있었던 것이다. 그 광경을 본 나는 너무나 무서워서 시장이 떠나갈 정도로 더 크게 울어 버렸다.

"소영아, 울지 마. 착하지?"

"흑흑, 싫어. 저 아저씨 다리가 없어. 이상해. 무섭단 말이야."

나는 아저씨의 다리 쪽을 가리키며 마음속에 있는 말을 해 버렸다. 아저씨의 얼굴은 조금 붉어졌다.

"저기 꼬마야, 자 착하지? 난 무서운 사람이 아니에요. 아저씨가 사탕 줄게."

아저씨는 까맣게 때가 낀 손으로 사탕 하나를 나에게 건넸다. 그러나 나는 엄마 뒤로 숨어 버렸다. 아저씨의 손은 허공에 그대로 있었고, 표정은 씁쓸했다.

"아저씨가 주시는 건데 받아야지."

"싫어, 나 무서워. 빨리 가자."

나는 엄마의 옷자락을 당기며 빨리 그 아저씨에게서 벗어나려고 했다.

"아저씨, 이거랑 이거 주세요."

그런데 엄마는 아저씨가 끌고 다니는, 낡아서 다 떨어진 노란색 플라스틱 상자에서 몇 가지 물건을 골라 담으셨다.

"감사합니다. 정말 감사합니다."

아저씨는 감사하다며 몇 번이나 불편한 몸을 굽히셨다.

"아니에요. 저희 딸이 아직 어려서……, 죄송해요."

나는 엄마가 왜 그 아저씨한테 사과를 하는지 이해할 수가 없었다. 아저씨는 거북이보다 더 느린 속도로 움직였다. 그리고 장사를 하는 다른 사람들보다 훨씬 작은 목소리로 "하나만 사 주세요."라고 하면서 사람들 사이로 갔다. 하지만 다들 힐끗힐끗 보며 아저씨를 피했다. 아까까지만 해도 무서웠던 아저씨였는데 나는 이상하게 자꾸 신경이 쓰여 쳐다보게 되었다.

"많이 놀랐지?"

엄마는 내 머리를 쓰다듬으셨다.

"응, 엄마. 근데 저 아저씨한테 엄마가 왜 미안하다고 해?"

"소영이가 조금만 더 크면 다 알 수 있을 거야."

엄마는 미소를 지으며 알 수 없는 말을 나에게 했다.

내가 그때 왜 그랬을까? 내가 만약 아저씨였다면 화가 많이 났을 텐데 아저씨는 오히려 날 달래려고 했고, 나를 달래는 목소리는 따뜻했다.

그때는 이해하지 못했던 엄마의 말을 이제는 충분히 이해할 만큼 나는 성장했다. 우리 사회에는 몸에 상처를 입은 채 힘들게 살아가고 있는 사람들이 많다. 그런데 우리가 무심코 내뱉은 한마디 말로 마음의 상처까지 받는다면 이보다 더한 불행이 또 있을까?

그때 그 아저씨는 아직도 힘든 몸으로 장사를 하고 계실까? 다시 만날 수만 있다면 몇 번이고 고개 숙여 죄송하다고, 그때의 나는 참 철이 없었다고 마음으로 사과하고 싶다.

마음의 짐

송미진

나는 '이별'이라는 것에 대해서 깊이 생각해 본 적이 없었다. 이별이란 그저 나와는 먼 이야기였고 텔레비전이나 영화, 책에서 나오는 것만큼 애달픈 이별은 실제로 없을 거라고 생각했다. 그때 그 일이 없었더라면 나는 지금까지도 그렇게 생각하고 있을지도 모르겠다.

아마 초등학교 2학년 때였을 것이다. 지독하게도 내리지 않던 비가 시원하게 쏟아지던 날이었다. 우산을 챙기지 못한 나는 어쩔 수 없이 집에 전화를 걸어 엄마에게 우산을 가져다 달라고 해야만 했다. 엄마 손을 잡고 집으로 돌아가는 것이 오랜만이었던 터라 여느 때보다 한층 들떠 있었기 때문인지, 그때 나는 평소 같지 않은 엄마의 표정을 미처 알아채지 못했다.

"미진아, 엄마가 얘기할 게 있는데……."

집에 가다 말고 대뜸 입을 연 엄마는 다음 말을 삼키셨다. 말씀하시는 데 뜸을 들이는 엄마가 익숙하지 않아서 계속 말씀하시기를 기다리며 엄마의 얼굴을 물끄러미 바라보기만 했다. 약간 떨리는 듯했던 엄마의 목소리가 다시 흘러나온 것은 내가 몇 발자국을 옮기지 않아서였다.

"엄마, 동생들을 찾았어."

그 말을 처음 들었을 때, 나는 그저 어리둥절했다. 내가 알기로 엄마에게 동생은 외삼촌뿐이었기 때문이다. 또 무슨 동생들을 찾았다는 것인지 이해할 수가 없었던 나는 그게 무슨 말이냐고 되물었다. 그제야 엄마는 내게 한 번도 들려주시지 않았던 오래전 이야기를 해 주기 시작하셨다.

엄마가 어렸을 적에 엄마에게는 두 명의 쌍둥이 여동생들이 더 있었다고 한다. 한 명은 엄마를 쏙 빼닮았고, 나머지 한 명은 외삼촌을 쏙 빼닮은 이란성 쌍둥이 자매였다. 그런데 어느 날 놀러 나갔던 이모들이 갑자기 어디론가 사라져 버려 행방을 찾을 수가 없었다. 그렇게 이모들과 어이없을 정도로 허무한 이별을 해야 했다. 그로부터 몇십 년 지나 훌쩍 커 버린 이모들은 '해외 입양아'라고 불리며, 한국에 있는 가족들을 찾고 싶어 했다. 이모들은 가족을 찾기 위해 텔레비전에 출연하는 방법을 택했고, 그들을 알아본 친척 중의 한 명이 방송국에 전화를 해 비로소 그토록 그리던 상봉이 이루어지게 되었다는 것이었다.

이야기가 끝난 것은 집에 도착하고 나서였다. 장성한 동생들을 만나게 된 엄마의 얼굴은 어느 때보다 빛나 보였다. 그리고 또 한

편으로는 하루아침에 생이별을 한 동생들에 대한 미안함도 큰 것 같았다. 엄마가 이모들과 기쁨과 설렘으로 재회하실 일을 생각하니 나 또한 가슴이 뭉클해졌다. 그렇게 엄마는 머나먼 미국에서 찾아오는 동생들을 마중하기 위해 기차를 타고 부산으로 떠나셨다.

하루가 지나, 나는 부산에서 돌아온 엄마를 붙잡고 이것저것 여쭤 보았다. 이모들의 모습이 어땠느냐고 묻자, 엄마는 아주 예쁘게 잘 컸다고 했다. 그리고 정말 너무나도 궁금했던 이모들의 모습은 텔레비전에서나마 확인할 수 있었다. 듣던 대로 이모들은 엄마와 외삼촌을 놀라울 정도로 많이 닮았다. 그러나 자라 온 환경 탓인지 어딘가 미국 분위기가 느껴지는 세련된 외모였다. 다행히도 이모들의 미국 가족은 참 다정하고 좋아 보이는 사람들이었다.

드디어 공항에서 상봉한 외갓집 식구들과 이모들은 하나같이 기쁨의 눈물을 흘렸다. 어린 핏덩이들을 잃어버리고 지금까지 생사도 모른 채 지내 왔던 외할아버지와 외할머니는 그제야 마음의 무거운 짐을 조금은 내려놓으시는 듯 보였다. 택시를 타고 집으로 이동하는 길, 외할아버지는 이모들의 손을 꼭 잡고서 놓지 않으셨다.

미국 이름은 '사라'와 '로라', 한국 이름은 '은희'와 '은정'. 미국에서 자랐지만 이모들은 한국을 사랑했고 누구보다도 그리워했다. 어눌한 발음으로 "사랑해요."라고 말하는 이모들을 보면서 고국을 그리워하며 한국어를 배웠을 모습이 떠올라 더욱더 애틋해졌다.

이모들을 찾지 않았더라면 평생 무거운 짐을 진 죄인처럼 살아갔을 외갓집 식구들. 마치 어제 만났다 헤어지고 오늘 다시 만난 것처럼 자연스럽게 못다 나눈 회포를 푸는 모습은 그저 아름답고 정답게만 보였다. 그때서야 나는 '진정 애달픈 이별'이 무엇인지 조금은 알 것도 같았다. 또한 지독한 그리움은 기나긴 세월마저 뛰어넘을 수 있다는 것도 알았다.

만약 내가 이모들이었다면 평생 부모님을 원망하며, 보고 싶은 마음을 누르고 나 자신을 속이는 삶을 살았을지도 모르겠다. 그러나 이모들이 용기를 내어 가족을 찾으러 올 수 있었던 것은 비록 몸은 먼 곳에 떨어져 있더라도 외갓집 식구들의 깊은 슬픔과 마음 한편에 자리 잡은 무거운 짐을 어렴풋이나마 알아챌 수 있었기 때문이 아니었을까?

세월의 아픔을 훌훌 털어 버리고 새로운 삶을 선택한 이모들의 얼굴은 참 밝아 보였다. 이모들에게는 마치 처음부터 아픔이란 존재하지도 않았다는 듯이…….

아버지와 아이들

김정은

　　보통 가정의 아버지는 자기 아이들에게서만 '아버지'라고 불린다. 하지만 우리 아버지는 많은 아이들에게 '아버지'라고 불리는 고아원의 원장님이시다. 한국전쟁 때 부모를 잃은 고아들을 안타깝게 여기신 할아버지께서 창립하셔서 할머니께서 발전시키신 '베다니 성화원'. 그 고아원을 지금은 우리 아버지가 맡고 계신다. 그곳에서 자란, 혹은 자라고 있는 아이들에게 우리 아버지는 '아버지'라고 불린다. 현재 성화원에 있는 59명의 아이들과 성화원에서 자라서 나간 아이들, 거기다 우리 3남매까지 합한다면 우리 아버지는 약 200여 명이나 되는 아이들의 '아버지'인 셈이다.

　　아버지께서는 항상 우리 3남매를 앉혀 놓고 말씀하셨다.

　　"정은아, 정원아, 정현아 잘 들어. 아버지는 절대 이 고아원을 떠날 수 없는 사람이야. 아버지가 고아원을 떠나면 여기 있는 이 많은 내 자식들은 어떡하겠니? 그 아이들도 아버지에게는 너희와 같은 아들딸이란다."

솔직히 나는 그런 이야기를 들을 때마다 '아버지 미워. 우리 가족은 다른 평범한 가족들처럼 휴가도 못 가고……. 남들은 다 가는데 이게 뭐야. 같은 아들딸은 무슨!'이라고 생각하며 속으로 아버지를 미워했다.

그러던 어느 날 모두가 잠든 새벽 2시경이었다. 아버지께서 황급히 옷을 차려입으시고는 어머니를 깨우셨다.

"여보! 재균이랑 명규가 경찰서에 있대. 나 좀 다녀와야겠어."

아버지는 뜬금없는 말을 하시고는 밖으로 나가셨다. 재균이와 명규는 고아원에 있는 아이들인데 소위 말하는 '문제아'였다.

잠시 후, 아버지께서는 그 두 아이들을 데리고 오셨다. 그러고는 말없이 회초리를 들고 밖으로 나가셨다. 그 조용한 새벽에, 화가 나신 아버지의 목소리와 잘못을 비는 두 아이의 울음소리가 선명하게 들려왔다.

"뭐, 담배? 술? 그것도 친구들까지? 지금이 몇 시야? 너희 정신이 있어, 없어?"

그들은 모두가 잠든 사이에 아무도 모르게 밖으로 빠져나가 친구들과 술을 마시고 담배를 피우며 몰려다니다가 경찰에게 잡힌 것이었다.

잠시 후, 울음소리가 그치자 아버지께서는 무서운 얼굴로 현관문을 열고 들어오셨다.

"이놈들을 정말 어떻게 하면 좋을까……."

그 후로도 그 아이들은 가출을 하고 담배를 피우며 온갖 나쁜 짓들을 해서 매일 아버지의 애간장을 태웠다. 그럴 때마다 아버지께서는 포기하지 않으시고 고아원에 있는 오빠들을 총동원해서 직접 그 아이들을 찾아다니셨다. 그 아이들을 걱정하느라 잠도 잘 못 주무시는 아버지를 보며 나는 말했다.

"아버지, 그냥 알아서 집에 들어오게 놔두는 건 어때요? 아무도 찾는 사람이 없고 자기들한테 무관심하다 싶으면 그 애들도 알아서 들어오겠지, 뭐."

그러자 아버지께서는 이렇게 말씀하셨다.

"정은아, 아버지라고 그런 생각을 안 해 봤겠니? 하지만 아버지가 지금 그 아이들을 포기하면 그 애들은 더 이상 설 곳이 없어. 그걸 아버지가 사랑으로 감싸고 바로잡아 주어야 해."

그런 아이들에게는 무관심이 최고라는 생각을 하고 있던 나는 아버지를 정말 이해할 수가 없었다.

아버지와 아이들의 잡고 잡히는 생활이 반복되던 어느 날, 온갖 곳을 다 뒤져서 결국 가출했던 아이들을 찾아 집으로 데려온 날이었다. 나는 내심 그 아이들이 이번에는 아버지께 크게 혼나기를 바랐다. 그러나 아버지께서는 그 아이들을 혼내시기는커녕 "재균아, 명규야. 너희들이 없으니 집안이 다 조용해서 아버지가 얼마나 심심했는지 아니? 이 자식들, 저녁은 먹었어?"라고 하시며 그 늦은 밤에 데리고 나가서 저녁까지 사 먹이시는 것이었다. 그 후로도 아버지께서는 아이들이 잘못된 길로 나갈 때마다 항상 똑같이 행동하셨다.

그러던 어느 날, 아버지께서 뜬금없이 바다에 가자고 준비를 하라고 하셨다. 나는 오랜만에 우리 가족끼리 여행을 가는 것인 줄 알고 한창 들떠서 준비를 했다. 하지만 내 기대와는 달리 아버지께서는, "성화원의 중·고등부 아이들 모두 같이 갈 거야. 애들이 바다를 보며 회를 먹고 싶다네?"라고 말씀하셨다. 나는 너무 실망한 나머지 아버지와 함께 바다에 가지 않겠다고 했다. 그런데도 아버지께서는 성화원의 중·고등부 아이들을 데리고 포항에 가서 바다도 보고, 회도 실컷 먹고 늦은 밤이 되어서야 집으로 돌아오셨다.

그런데 그 후로 뭔가 달라지기 시작했다. 방황하던 몇몇 아이들이 점점 제자리를 찾아가는 것이었다. 게다가 추운 겨울날 방 안에서만 빈둥대던 아이들이 아버지와 같이 운동을 하고 싶다며 온몸을 꽁꽁 싸맨 채 자발적으로 김천대교로 운동을 다니기 시작했다. 그 모습이 내심 좋아 보여서 나도 함께 운동을 가게 되었다. 그렇게 아버지와 성화원의 중·고등부 학생들과 걷기 운동을 하고 집으로 돌아올 때 재균이가 아버지를 향해 이렇게 외쳤다.

"아버지 맛있는 거 사 주세요!"

나는 아버지께서 재균이에게 아무것도 해 주시지 않기를 마음속으로 바랐다. 그 아이 때문에 아버지께서 너무 힘들어 했기 때문이다. 그러나 내 예상은 빗나갔다.

"얘들아! 재균이가 맛있는 거 사 달란다. 모두 슈퍼로 들어갓! 단, 한 사람당 천 원 이상은 안 된다."

그렇게 시간이 지나고 며칠 후 아버지의 생신날, 아버지께서는 나를 조용히 아버지 방으로 부르셨다. 아버지 방에 가 보니 아침인데도 아버지의 책상은 아이들에게서 받은 온갖 선물과 편지들로 가득 차 있었다. 그중에서 아버지께서는 편지를 한 움큼 꺼내시며 말씀하셨다.

"정은아, 아버지는 다른 선물들은 다 필요 없다. 이것들만 있으면 돼."

성화원에 있는 아이들 중에서 글을 쓸 수 있는 아이들은 모두 아버지께 편지를 썼다. 형식적인 내용도 있고 정성스레 쓴 듯한 느낌의 것들도 있었는데, 공통점은 편지 제일 끝에 "아버지, 키워 주셔서 감사합니다. 사랑해요."라는 말이 마치 약속이라도 한 것처럼 쓰여 있다는 것이었다.

내가 편지를 읽으며 감탄하고 있자 아버지께서는 자랑스럽게 편지 두 개를 꺼내셨다. 그것은 재균이와 명규의 편지였다. 그 속에는 지금까지 방황했던 생활에 대한 죄송함과 감사하다는 말, 그리고 역시 마지막에는 사랑한다는 말이 쓰여 있었다.

"정은아, 아빤 네가 이 두 놈들을 안 좋게 봤다는 거 다 알고 있어. 하지만 봐라. 편지를 읽어 본 소감이 어때? 이 아이들에게 아버지의 사랑이 통한 거란다. 지금 당장은 눈에 보이지 않지만 진실한 마음은 언제고 통하기 마련이란다."

나는 어리석게도 그제야 아버지께서 지난날 하셨던 모든 일들을 이해하게 되었다. 그리고 아버지를 끌어안으며 말했다.

"아버지, 제가 지금까지 잘못 생각했어요. 아버지의 깊은 뜻도 모르고……, 이제부턴 저도 아버지처럼 이 아이들을 사랑하도록 노력해 볼게요."

그 후로부터 지금까지 나는 아버지의 말씀을 따라 성화원의 모든 아이들을 사랑하고 이해하도록 노력하고 있다. 물론, 사춘기를 맞아 몇몇 까칠한 아이들이 있기는 하지만 그래도 달라진 내 모습을 아이들도 좋아하는 눈치다. 그리고 본인들은 느끼지 못하겠지만 조금씩 변화하는 아이들을 보며 나는 느낀다.

'아……, 사랑하길 정말 잘했구나!'

5부
그들이 사는 이야기

김다운 | 김은지 | 안지해 | 김지현 | 채희정
김미연 | 이명정 | 장은영 | 이소현 | 이은실

향수

김다윤

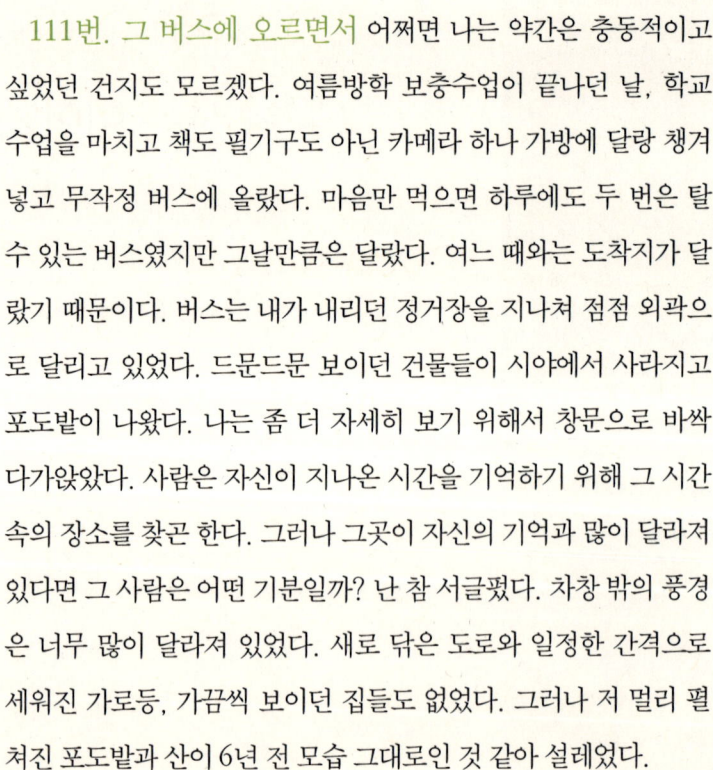

111번. 그 버스에 오르면서 어쩌면 나는 약간은 충동적이고 싶었던 건지도 모르겠다. 여름방학 보충수업이 끝나던 날, 학교 수업을 마치고 책도 필기구도 아닌 카메라 하나 가방에 달랑 챙겨 넣고 무작정 버스에 올랐다. 마음만 먹으면 하루에도 두 번은 탈 수 있는 버스였지만 그날만큼은 달랐다. 여느 때와는 도착지가 달랐기 때문이다. 버스는 내가 내리던 정거장을 지나쳐 점점 외곽으로 달리고 있었다. 드문드문 보이던 건물들이 시야에서 사라지고 포도밭이 나왔다. 나는 좀 더 자세히 보기 위해서 창문으로 바싹 다가앉았다. 사람은 자신이 지나온 시간을 기억하기 위해 그 시간 속의 장소를 찾곤 한다. 그러나 그곳이 자신의 기억과 많이 달라져 있다면 그 사람은 어떤 기분일까? 난 참 서글펐다. 차창 밖의 풍경은 너무 많이 달라져 있었다. 새로 닦은 도로와 일정한 간격으로 세워진 가로등, 가끔씩 보이던 집들도 없었다. 그러나 저 멀리 펼쳐진 포도밭과 산이 6년 전 모습 그대로인 것 같아 설레었다.

이쯤에서 벨을 누르면 우체국 앞에서 내릴 수 있겠지 싶어 옛 기억을 떠올리며 벨을 눌렀다. 버스가 멈추자 난 엉뚱한 곳에 발을 디뎠다. 작열하는 태양의 열기에 어질했다. 예전의 여름도 이렇게 더웠던가? 버스를 타고 오는 내내 눈에 띄게 달라진 모든 것들이 날 주춤하게 만들었다. 그렇지만 정말 살기 좋아졌다고 생각하며 길을 걸었다. 조금 걷다 보니 내가 알고 있는 익숙한 길이 나오기 시작했다.

경북 김천시 봉산면 덕천 2리. 내가 여섯 살이 되던 해 이맘때쯤에 우리 가족은 이곳으로 이사를 오게 되었다. 아빠 때문에 어릴 때부터 이사를 자주 다녔지만, 그야말로 시골로 오게 된 건 어린 나에게는 충격이었다. 낮인데도 동네에는 사람이 없었고, 동네의 시작과 끝이 너무도 분명한 작은 동네였다. 게다가 이리저리 산만 우뚝 솟아 있고, 주변이 모두 밭인데다 길이 제대로 닦이지 않은 곳도 있었다.

동네에는 내 또래 아이들이 별로 없었다. 그래서 언제나 언니와 단둘이 놀았다. 친구는 없었지만 우리는 재미있었다. 언니가 자전거를 운전하면 내가 뒤에 타고 다리 건너 옆 동네에 놀러 가기도 하고, 비닐하우스에서 잘 익은 포도를 몰래 따서 먹기도 하고, 다리 밑에서 물장구를 치며 다슬기도 잡았다. 마당의 개를 동네에 풀어서 잡으러 다니고, 좁은 동네에 우리만 아는 길을 만들자며 밤늦도록 쏘다니기도 했다. 손톱에 봉숭아 물을 들이려고 남의 집 마당에 몰래 들어가 봉숭아 꽃잎을 따기도 했고, 여러 갈래의 골목길 중에서 어느 곳으로 가는 것이 더 빠른지 달리기 시합도 했었다. 이런 것들을 추억이라고 해야 하는 것일까? 그때는 그저 일상에 불과했는데. 얼마 전, 앨범을 뒤적이며 사진들을 보다 언니와 한참 동안 추억 속으로 빠져들었다. 추억을 누군가와 함께 나눈다는 건 생각보다 행복한 일이다. 그런데 얘기를 하다 보니 점점 기억이 가물가물해져 가는 것만 같았다.

여전히 동네는 조용했다. 너무 더워서인지 모두 이사를 간 것인지 정말 아무도 없었다. 하지만 그래서 훨씬 마음이 편했다. 아무도 모르게 이곳을 훔쳐보는 것 같은 기분이 들었다. 큰길만 따라 걷다가 주택 사이의 골목으로 들어섰다. 나도 모르게 발걸음이 빨라지면서 어느새 예전에 내가 다니던 그 길로 접어들었다. 참 신기했다. 나는 아무것도 기억하지 못한다고 생각했는데 익숙한 곳에 들어서자 기억이 새록새록 떠올랐다. 항상 피아노 소리가 들리던 집, 다 쓰러져 가는 집에 혼자 사시던 할머니, 한두 가지 정도의 과자만 팔던 슈퍼, 집 앞 길 건너편의 자장면집, 나를 예뻐해 준 동네 언니가 다니던 우체국, 딱 한 명뿐이던 내 친구네 집, 언니와 나만 알고 있던 길, 그리고 내가 살던 집. 6년 만인데도 어제 온 것마냥 익숙하고 마음도 편했다.

그날은 신발 밑창이 길에 달라붙을 정도로 더웠지만 하늘은 파랗고, 파란 하늘 위로 흰 구름이 떠갔다. 그리고 매미 우는 소리와 달콤한 포도 향기가 감돌았다. 지금은 다른 사람이 살고 있겠지만, 어린 시절에 내가 살았던 빨간 벽돌집을 나는 한참 바라보았다. 기분이 참 묘했다. 6년 전 그때에도 누군가 나처럼 우리 집을 바라보고 있지는 않았을까? 이 길을 따라 걸으며 옛 기억을 되새기고 있지는 않았을까? 동네에는 내가 이사를 가기 전부터 시작된 공사가 끝이 나, 참 튼튼한 다리가 지어져 있었다. 그리고 그 옆에는 작은 정자도 하나 세워져 있었다. '이런 것도 생겼네.' 하고 신기해 하며 정자 그늘 아래에 앉았다. 늘 시끄럽고 사람 많은 곳에 있었기 때문인지 머리가 맑아지는 기분이었다.

  버스를 타기 위해 내가 온 길을 따라 다시 걸었다. 버스 정류장으로 향했지만 정류장은 예전의 그 자리에 있지 않았다. 그래도 변한 겉모습과는 달리 동네는 그대로인 것 같아 도착했을 때보다 마음이 가벼웠다. 나는 일상으로 돌아오기 위한 버스에 올랐다. 그리고 빠르게 지나쳐 가는 동네를 보았다. 나는 그곳에서 누구도 만나지 않았다. 물론 거기에는 친척도 살고 있고 6년 동안 정을 나눈 이웃도 있었지만, 어느 곳에도 들르지 않았다. 나는 그저 포도 향이 물씬 풍기고 조용히 구름이 떠가는, 간간히 매미 소리가 들리는 그곳을 잠시 훔쳐보며 마음에 담고 싶었다. 내가 다녀갔음에도 그곳은 아무것도 변하지 않을 것이다. 하지만 그곳은 모든 것을 기억할 것이다. 내가 추억을 가슴에 담은 것처럼.

별나라 우리 집

김은지

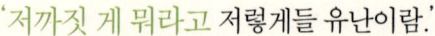

'저까짓 게 뭐라고 저렇게들 유난이람.'

지금 내 방 창문 가득히 벚꽃이라는 수채화가 내 눈을 어지럽히고 있다. 벚꽃 나무 아래에서 즐거워하고 있는 엄마와 동생을 보며 짜증이 울컥 나 신경질적으로 커튼을 치고 다시 책상에 앉았다. 장날이라 더 사람이 많았던 버스에서 30분 동안이나 더위에 절어 겨우 집까지 온 딸이 엄마는 아무렇지도 않은가 보다.

나는 좋게 말하면 교외, 나쁘게 말하면 산동네라고 할 수 있는 곳에 산다. 김천이라는 '촌'에 사니, 교외고 산동네고 할 것도 없지만 그래도 김천시의 '시민'이 아닌 대항면의 '면민'으로서 내가 받는 서러움과 피해는 이루 말할 수 없다. 사람들은 전원생활을 평생 꿈꾼다고 하지만 촌구석 생활이라고 할 수 있는 일종의 전원생활을 하고 있는 지금의 나로서는 다시 생각해 보라고 뜯어말리고 싶다. 그 첫 번째 이유는 바로 교통 때문이다. 남들 다 한다는 과외도, 학원에 다니는 것도 집까지 오는 차가 없어서 할 수 없다. 겉으로는 야자 끝나고 영어 과외 가기 싫다는 친구를 열심히 하라고 응원하지만, 속으로는 '야, 배부른 소리 좀 작작해. 나처럼 하고 싶어도 못하는 애도 있어.'라고 따끔하게 한마디 하고 싶은 마음이 굴뚝같다. 2학년이 된 후로는 나도 마음을 굳게 먹고, "엄마, 나도 애들 다 간다는 독서실 갈래!" 엄마한테 선전포고라도 하듯이 외치고, 1월부터 지금까지 독서실에 다니고 있는데 그게 또 여간 속 썩는 일이 아니다. 독서실 차 역시 우리 집까지 오지 않기 때문에 엄마 아빠가 한 주씩 번갈아 가면서 독서실까지 데리러 오시는데, 부모님께 죄송한 마음도 크지만 기름값 걱정에 한숨이 다 나온다.

여태까지 한 번도 읽어 본 적이 없는 신문의 경제면을 매일 아침마다 집중해서 읽고, 길을 가다 '물가 상승'이라는 말을 들으면 귀가 솔깃해지고, 텔레비전에서 '올해 유가 상승 최대'라는 뉴스만 봐도 가슴이 덜컥하는 게 바로 우리 집 기름값 때문이다. 말로는, "우리 딸이 공부 열심히 한다는데 이까짓 게 대수겠어."라고 하시는 부모님도 사실은 속이 타실 것이다. 하지만 한편으로는 이 산동네에서 이사 가기만 하면, 아파트에서 산다면 생기지도 않았을 문제에 끙끙 앓는 우리 가족을 보면서 한심함과 답답함이 파도처럼 밀려온다. 아침마다 학교에 가는 것이 마치 '여행'이라도 떠나는 것 같다. 나는 한 시간 가까이 고생하면서 겨우겨우 지각을 면하는데, 버스를 타고 10분 이내에 도착한다는 친구들을 보면 내가 지구가 아닌 별나라에서 사는 것 같다.

촌구석 생활을 반대하는 두 번째 이유는 바로 시내 중심지에서 떨어져 있을수록 극심한 '문화생활의 가뭄' 때문이다. 동네에서도 외톨이 별처럼 멀찍이 떨어져 있는 우리 집 주위에는 작은 도서관 하나, 흔하다는 비디오 가게 하나 없다. 인터넷도 워낙 느려서 숙제 하나 하려면 내 인내심이 바닥나는 것 같다. 아빠는 남들에게, "우리는 초야에 사는 선비들이다."라고 우스갯소리로 말씀하시지만, 그 말 속에 숨은 씁쓸한 뜻을 아는 사람은 나밖에 없을 것이다. 요즘에는 학교마다 도서관이 다 있지만 내가 초등학교에 다닐 때만 해도 책이라고는 집에 있는 동화책과 교실 뒤에 있던 낡은 학급문고가 전부여서 읽고 싶은 책이 있으면 시립 도서관까지 원정을 떠나야 했다.

창문으로 엄마와 동생의 웃음소리가 봄 냄새를 타고 방까지 흘러 들어온다. 짜증스런 마음을 비우고 커튼을 젖혀 고개만 빠끔히 내밀어 올려다본 하늘은 너무나도 맑다.

"은지야, 잠깐만 나와 봐."

엄마다. 느릿느릿 마당에 나가자 잔디밭 위에 빵과 과일 접시가 준비되어 있었다.

"아직 날도 안 풀렸는데 뭐하러 이래?"

"그래도 오늘 날씨도 좋고, 또 폼도 나잖아."

과일을 먹으며 세 모녀가 즐거운 시간을 보내는 동안 친구에게서 전화가 왔다. 즐거운 토요일에 방에 박혀 컴퓨터나 하는 게 지겨워서 전화를 했다고 말했다.

"나는 벚꽃 놀이하고 있는 중이지롱!"

"아, 뭐야! 누구는 뒹굴면서 텔레비전이나 보고, 누구는 벚꽃 놀이나 하고……, 나쁘다! 촌 동네 사는 게 지긋지긋 하다더니, 알고 보니 배부른 소리였네."

"김천여고 옆에도 벚꽃 예쁘잖아. 거기 나가서 돗자리 펴 놓고 놀던가."

"에이, 낮잠이나 자야겠다!"

전화를 끊고 엄마와 동생과 함께 깔깔깔 웃었다. 그래, 어쩌면 친구 말대로 나는 배부른 소리를 하는 건지도 모르겠다. 개미집 같은 아파트, 밤에 별 하나 볼 수 없는 시내 중심지……. 남의 떡이 더 커 보인다고, 우리 집이 가지고 있는 좋은 점들은 잊은 채, 우리 집에 없는 아파트의 좋은 점만 맹목적으로 바라봤던 것 같다. 아파트에서는 더운 여름날 마당에 텐트를 쳐 놓고 잘 수 있을까? 아파트에서는 친척들이 다 모여서 삼겹살 파티를 할 수 있을까? 자동차 소음만 가득한 아파트를 개구리 소리, 소쩍새 소리가 밤새 들리는 우리 집과 비교한다는 게 처음부터 잘못된 것이었는지도 모른다. 노랫말처럼 사계절 따라 형형색색 변하는 산을 친구 삼아 공부할 수 있는 사람이 나 말고 내 친구 중에 또 누가 있을까?

"엄마, 나 독서실 끊을래."

"어머, 왜? 너 독서실 다니고 싶다고 그렇게 징징거리더니, 갑자기 왜?"

"그냥……. 밤마다 왔다 갔다 하는 것도 피곤하고……, 갑자기 우리 집이 독서실보다 훨씬 좋은 것 같다는 생각도 들어서, 히히."

내가 지난번에 우리 집에 대해서 불평불만을 늘어놓았을 때 친구가 그랬다. 그럼 기숙사에서 학교를 다니지 왜 만날 고생을 하느냐고. 나는 그때 아무 말도 할 수 없었다. 물론 기숙사에서 살면 편하긴 하겠지만 내가 포기해야 할 게 너무 많았기 때문이다. 어쩔 수 없이 나와 우리 가족은 타고난 '별나라 촌사람들'인가 보다.

비 오는 날

안지해

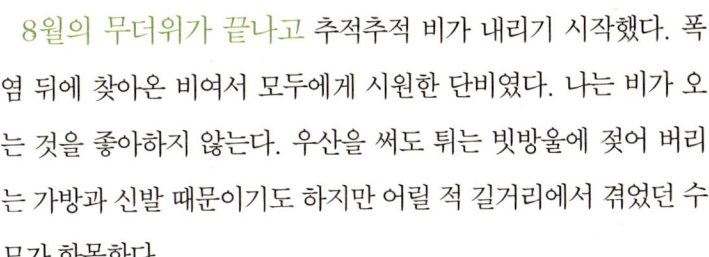

8월의 무더위가 끝나고 추적추적 비가 내리기 시작했다. 폭염 뒤에 찾아온 비여서 모두에게 시원한 단비였다. 나는 비가 오는 것을 좋아하지 않는다. 우산을 써도 튀는 빗방울에 젖어 버리는 가방과 신발 때문이기도 하지만 어릴 적 길거리에서 겪었던 수모가 한몫한다.

초등학교 4학년 때였다. 그날도 비가 내리고 바람이 세차게 불었는데, 횡단보도에서 신호를 기다리는 순간 거센 바람에 우산이 획 뒤집혔다. 나는 뒤집힌 우산을 어찌할 바를 모르고 비를 맞아야만 했다. 다행히 지나가던 오빠가 우산을 바로잡아 주어서 다시 우산을 쓰고 갈 수 있었다. 그 후로는 비가 오는 날이면 우산 쓰기가 무섭다.

비 오는 날에는 우산에 얽힌 나쁜 추억만 있는 것은 아니다. 초등학생 때는 비가 오면 신이 났다. 학교를 마치고 친구들과 함께 달팽이를 잡으러 다녔는데, 메마른 날씨 때문에 집 안에 꽁꽁 숨어 모습을 보이지 않던 달팽이들이 톡톡 빗방울이 떨어지면 하나둘 고개를 살포시 내밀었다.

친구들과 누가 더 큰 달팽이를 잡나 내기를 하며 방과 후 재밌는 시간을 보내기도 했다. 운동장과 마주하고 있는 포도밭의 판자벽 사이에는 수많은 달팽이들이 다닥다닥 붙어서 달콤한 휴식을 취하고 있었다. 우리는 쉬는 시간에 쪼르르 달려 나가 큰 나뭇잎에 달팽이 한두 마리를 얹어 와 교실에서 키우곤 했다. 한번은 연필통을 들고 나가서 수십 마리의 달팽이를 잡아 와 책상 밑에 놓고 기르기도 했다. 달팽이들은 좁은 연필통 안에서 나뭇잎을 갉아 먹으며 지냈다. 그런데 가끔씩 청소를 해 줄 때면 냄새가 아주 고약했다. 엄마 몰래 기르다가 들켜서 크게 혼난 적도 있다. 그때 나는 빨간 내복만 입은 채로 엄마 손에 이끌려 달팽이들과 함께 대문 밖으로 쫓겨났다. 그래서 결국에는 눈물을 머금고 아파트 화단에 수십 마리의 달팽이들을 놓아주었다. 미안했다. 내 욕심으로 잡아 왔는데 제대로 기르지도 못하고 험한 곳에 놓아줬으니, 혹시나 죽지는 않을까 걱정이 되었다.

그 뒤로는 달팽이를 키우지도, 잡지도 않았다. 요즘에도 비 오는 날이면 등굣길에 달팽이들을 자주 만난다. 학생들이 많이 다니는 교문 앞이나 기숙사 계단에는 밟혀 죽은 달팽이들의 사체가 가득하다. 그럴 때면 괜히 어린 시절 달팽이 생각에 아련해져서 살아 있는 달팽이들을 풀숲으로 안전하게 하나하나 옮겨 주기도 한다.

비 덕분에 상을 받은 적도 있다. 초등학교 3학년 때 학교를 마치고 뒷문으로 나가 집에 가던 길이었다. 뒷문은 내리막길에 있어서 문 앞쪽으로 빗물이 콸콸 세차게 흐르고 있었다. 물살이 센 바람에 신발과 양말이 흙탕물에 홀딱 젖었다. 젖은 신발과 양말을 깨끗이 빤다고 고생하실 어머니 생각을 하니 가슴이 뭉클하고 아렸다. 며칠 후, 화랑문화제 운문 부문에 나가서 그때의 마음을 시로 옮겨 보았는데 은상을 타게 되었다. 처음 나간 큰 대회에서 상을 안겨 준 비에게 고마웠다.

비가 내리면 자꾸만 옛 추억들이 하나 둘 떠오른다. 예전에는 비에 관한 재미있는 추억들이 많았는데 요즘에는 추억할 만한 것도 없는 것 같다. 매일 책상 앞에 앉아 책만 보고 있으니 밖을 내다볼 여유도, 추억을 떠올릴 만한 여유도 사라져 간다. 시간이 지나 내가 어른이 되어 비 오는 날 또다시 옛 추억에 빠져들 때, 기억할 만한 고등학생 때의 추억이 없다면 슬플 것이다.

오늘은 의자에서 일어나 우산을 들고 밖으로 나가 봐야겠다. 물 고인 웅덩이들을 조심조심 피해 달팽이가 있는 곳으로 놀러 가야지. 젖은 운동화쯤은 괜찮다.

비가 계속 내린다. 추억도 함께 흐른다.

그들이 사는 이야기

김지현

"앗, 따거워! 이놈의 모기가 왜 나를 물고 난리야!"

나도 모르게 팔뚝을 세게 내리쳤다. 팔뚝에는 까맣게 죽은 모기가 붙어 있었다. 죽은 모기를 휴지로 닦아 내다 문득 '이 또한 하나의 생명인데.' 하는 미안한 마음이 밀려왔다. 모기가 내 손에서 죽어 나가야 했던 이유는 인간인 나를 그 녀석이 성가시게 했다는 점 그 이상도 이하도 아니다. 그런데 아무리 작은 생물이라고 하더라도 생명을 대하는 나의 태도가 어딘가 잘못되었다는 생각이 들었다. 나는 멍하니 앉아 작은 생명들이 내게 들려준 이야기들을 떠올렸다.

오랜만에 카메라를 가지고 외출한 날이었다. 수동 카메라를 사고 나서부터 혹시나 사진이 될 만한 것을 놓칠까 봐 고철 덩어리 같은 무게를 어깨에 메고 다니던 터였다. 그날 대구역에서의 풍경은 하루 종일 아무런 수익도 없던 내게 단비와 같은 것이었다. 찌는 듯한 더위 속에서 철로가 그 뜨거움을 이기지 못하고 엿가락처럼 늘어져 있던 시간이었다. 입석 기차를 타고 대구에 와서 반나절이나 여기저기 걸어 다녔던지라 두 다리가 떨어져 나갈 지경인데 설상가상으로 김천행 기차까지 입석이라니! 기차를 타기 위해 모인 그 많은 몸뚱이들만 봐도 현기증이 날 지경이었다. 끝이 보이지 않는 실타래처럼 늘어진 철로마저 나를 지치게 하는데, 언뜻 발 아래에서 푸릇한 것이 보였다.

두 줄의 레일 사이로 고개를 내민 건 이름 모를 풀이었다. 양옆의 레일로 데워진 자갈과 굵은 모래가 전부인 땅, 그곳에서 싹을 틔운 생명. 녀석은 가녀린 몸으로, 하지만 질기고 질긴 목숨으로 당당하게 있었다. 얼른 카메라를 꺼내 그 녀석을 담고는 기차에 몸을 실었다. 그때 언젠가 《옥상의 민들레꽃》이라는 책에서 읽었던 구절이 생각났다. "단 하나의 민들레 씨앗은 옹색하나마 흙을 만난 것입니다. 흙이랄 것도 없는 한 줌의 먼지에 허겁지겁 뿌리 내리고, 눈물겹도록 노랗게 핀 민들레꽃을 보자 나는 갑자기 부끄러운 생각이 들었습니다." 책 속에서 일곱 살짜리 소년의 자살을 막을 수 있었던 것은 다른 무엇도 아닌 작은 꽃이었다. 시멘트 틈에서 피어난 엄지손톱만 한 그 꽃이 한 사람의 생명을 소생시킬 수 있다니, 언제 생각하더라도 가슴 저릿한 감동으로 다가온다. 하나의 생명체가 다른 생명을 탄생시키고 살리는 일보다 신성하고도 감격스러운 일이 또 있을까? 이렇게 작은 식물조차 생명은 경이롭다는 것을 말해 준다.

얼마 전에는 친구네 집에서 기르던 열대어가 알을 낳았다. 작은 바가지만 한 어항에 부레옥잠 사이로 간헐적으로 보이던 검은 선들이 바로 열대어 새끼들이었다. 마치 물속에 속눈썹 한 가닥을 띄워 놓은 듯 겨우 볼 수 있는 그 작은 몸통에 볼펜으로 찍은 점만 한 생명이 나를 쳐다보았다. 그 작은 녀석들에게 나는 얼마나 큰 거인이었을까? 그 녀석들도 생명이라고 꼬리를 살랑살랑 흔드는 모습을 보고 경악을 금치 못했다. 아주 작았지만 녀석들은 자신들이 살아 있다는 것을 보여 주기라도 하듯이 힘차게 꼬리를 흔들었다. 그들은 하찮은 미물이 아니었다. 나와 똑같이 존재하는 하나의 생명이었다. 살아 있음을 온전히 보여 준 녀석들에게 마음속으로 박수를 쳐 줬다.

외할머니와 같이 산 지 얼마 안 되었을 때는 이런 일도 있었다. 불교 신자이신 외할머니와 엄마가 하수구 앞에서 옥신각신하셨다. 외할머니께서는 뜨거운 물을 하수구에 부어 버리면 그 속에 사는 미생물은 어떻게 하느냐며 뜨거운 물을 버리려는 엄마를 제지하셨다. 눈에 보이지도 않는 미생물의 죽음 때문에 뜨거운 물을 버리지 말라는 외할머니가 내 눈에는 천사로 보였다. 그렇지만 도대체 뜨거운 물은 어디다 버린단 말인가! 게다가 살균이 되지 않아, 싱크대에서 올라오는 역한 냄새는 견딜 수가 없었다. 엄마는 결국 뜨거운 물을 부어 버렸고, 그 사건은 엄마의 승리로 끝이 났다.

이렇게 아무리 작더라도 인간의 마음을 움직이는 생명인데, 그 생명을 지켜 주기란 쉽지 않다. 길가에 핀 예쁜 꽃을 보면 꺾어서 가지고 싶고, 책 위를 뽈뽈뽈 기어 다니는 날벌레를 보면 죽일 수밖에 없는 상황도 있다. 우리 몸에 앉아서 피를 빨며 식사를 즐기고 있는 모기를 그저 손으로 한 대 내려치고 싶은 게 인지상정이다. 무자비하게 그들을 짓뭉개고 나면 그 순간에는 속이 시원하다. 하지만 잔해를 보고 모기도 한 생명이라는 사실을 생각하면, 안쓰럽고 내가 한 행위가 미안해진다.

지금 휴지에 싸서 짓이긴 모기의 주검을 바라보며 나는 잠시 눈을 감고, 언젠가 외할머니께서 그렇게 하셨듯이 마음으로 빌고 또 빌었다.

'다음 생(生)에는 꼭 인간으로 태어나라. 그리고 다시는 나 같은 사람을 만나지 말거라.'

앞에서 말한 것처럼 이 땅 위에는 이름 모를 풀과 열대어, 모기와 미생물 등이 나와 함께 살고 있다. 한 생명이 다른 생명에게 큰 사랑을 가르치며. 그래서 그들이 살아가는 모습은 아름다운 것이다.

아카시아 꽃

채희정

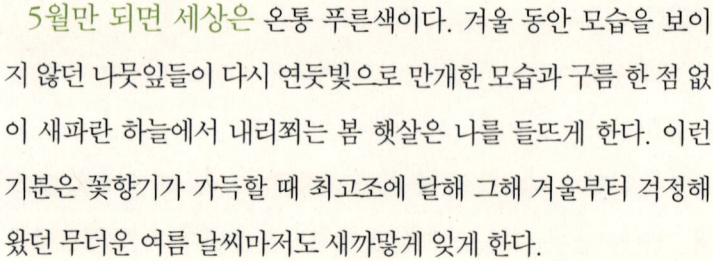

5월만 되면 세상은 온통 푸른색이다. 겨울 동안 모습을 보이지 않던 나뭇잎들이 다시 연둣빛으로 만개한 모습과 구름 한 점 없이 새파란 하늘에서 내리쬐는 봄 햇살은 나를 들뜨게 한다. 이런 기분은 꽃향기가 가득할 때 최고조에 달해 그해 겨울부터 걱정해왔던 무더운 여름 날씨마저도 새까맣게 잊게 한다.

철없던 초등학생 때는 5월에 항상 아카시아와 함께였다. 등굣길에 몇 그루 서 있던 아카시아 나무와 하얗게 열린 꽃들, 학교를 마치고 돌아갈 때 꼬질꼬질한 손으로 먼지가 가득 묻었을 꽃 속의 꿀을 쪽쪽 빨며 마냥 좋다고 헤헤거리던 모습은 아마 내 생애에서 가장 순진무구했던 순간이 아닌가 싶다.

아카시아 꽃을 따 먹고 집으로 돌아와서는 할머니께 자랑스럽게 말했다.

"할머니! 오늘 아카시아 꽃이 열려서 꿀 빨아 먹었어!"

그러면 할머니께서는, "그랬어? 맛있었어? 할머니 어릴 때는 먹을 게 없어서 그걸 밥 대신 먹고 그랬어."라고 말씀하시며 당신의 어릴 적 기억을 얼핏 내비치시곤 하셨다.

아카시아 꽃이 피었다는 걸 알게 해 주는 건 바로 향기다. 어떤 사람들은 좋아하지만 어떤 사람들은 싫어하기도 하는, 진하면서 독특한 그 향기. 〈과수원 길〉이라는 동요의 가사처럼 "향긋한 꽃냄새가 실바람 타고 솔솔" 불어올 때면 괜스레 들뜬 기분으로 발걸음을 옮기곤 했다. 그러면서도 향기만 가득하고 꽃은 빨리 피지 않는다고 초조함을 드러냈다.

아카시아 꽃송이는 정말 탐스러웠다. 하얀 꽃이 내 손바닥 위에 가득 놓일 때는 기분이 좋았지만, 잘근잘근 씹어 꿀만 빨아 먹고 나서 '왜 이렇게 조금이야?'라고 투덜대며 꽃잎은 버리곤 했다. 지금 생각하면 부끄러운 행동이지만 아카시아 꽃이니 괜찮았다. 단물만 빼 먹고서 필요 없다는 듯 버려도 다음 해에 무성하게 피는 꽃. 그게 바로 아카시아 꽃이었다.

그런데 중학교에 입학하면서부터 아카시아 꽃을 잊게 되었다. 초등학생 때는 등하굣길에 아카시아 나무가 서 있어서 꽃이 만개할 때면 그 향기와 달콤함에 취할 수 있었지만, 중학생 때는 그러지 못했다. 그렇다고 내가 이맘때 아카시아 꽃이 피는데, 보고 싶다는 감상에 젖어 아카시아 꽃을 찾아다닐 성격은 더더욱 아니었다. 눈에 보이지 않으면 마음에서 멀어지는 것은 너무도 자명한 일이므로 소중했던 어릴 적 추억은 그렇게 잊히는 듯했다.

하지만 이 모든 추억들을 말끔히 지워 버린 건 아니었던 모양이다. 바로 오늘 아침의 일이었다. 독서실 차를 타고 학교로 향하던 중, 벚꽃과 목련이 만개한 모습을 봤다. 아침 일찍부터 저녁 늦게까지 외부와는 단절된 채 학교에서 지내는 것이 너무도 익숙해진 나에게는 꽃나무들이 그렇게 신기할 수 없었다. 그리고 생각했다. '조금 있으면 저 꽃들처럼 아카시아 꽃도 화사하게 피겠지.' 그런 생각을 하니, 예전의 기억들이 새록새록 떠올랐다. 아카시아 꽃의 순백한 색에 취하고, 코를 강하게 자극했던 냄새에 취하고, 깨물 때마다 톡톡 나오던 달콤함에 취했던 기억. 별안간 봄기운이 물씬 풍겼다. 걸을 때마다 송골송골 맺히는 땀방울은 찝찝하지 않고 상쾌하게 느껴졌다. 꽃가루가 흩날리는 거리가 짜증 나지 않고 반가웠다.

  이 봄의 끝자락에는 아카시아 꽃이 필 것이다. 그리고 7년 전 나를 맞이했듯 화사하고 순백한 모습으로 사람들을 맞이할 것이다. 내가 그토록 반겼던 아카시아 꽃만의 독특한 향기와 함께.

이름 없는 존재

김미연

잡초 하나가 우리 집 마당 귀퉁이 시멘트 사이를 비집고 나와서 자라기 시작했다. 빈 화분도 많았는데, 잡초는 햇볕이 들지 않는 그늘에서 힘겹게 살았다.

누구에게나 잡초는 반갑지 않은 존재로 생각된다. 수많은 종류의 잡초들에게는 이름이 없다. 아무도 불러 주지 않아서 이름이 없다. 아직 태어나지 않은 아이에게도 이름이 있는 것처럼 잡초에게도 이름이 있었을까? 그러나 있었다고 해도 그것은 아무 의미가 없다. 시멘트 사이에서도 꽃을 피우는 그들을 아무도 반기지 않기 때문이다. 그러나 이름이 없다고 해서 삶의 가치가 떨어지는 것은 아니다. 물론 잡초 같은 삶을 사는 사람들도 마찬가지이다. 자신을 인정해 주지 않는 사회 속에서 힘겹게 살더라도 자기의 가치는 자기 스스로 결정하고 판단하는 것이다.

하루가 지나고 이틀이 지난 뒤 추적추적 내리는 비를 맞고 촉촉하게 젖은 잡초를 문득 바라보며, 나는 이것이 자라서 어떤 풀이 될 것인지 알 수 없으니 뽑을까 말까 망설이다 호기심으로 다른 화분에 물을 줄 때마다 함께 물을 주었다. 시멘트 사이를 비집고 나왔던 어린 잡초는 고개를 살짝 내밀고 초록빛을 띠며 자라기 시작했다. 얕은 흙에 자기 몸을 가능한 깊숙하게 박고서 사람들의 무관심 속에서도 잘 자랐다. 나는 일요일 아침이면 가장 먼저 일어나, "넌 누구니? 어디서 왔니?" 하면서 애정이 가득한 얼굴로 잡초를 바라보았다. 그래서인지 잡초는 화분에 있는 식물보다도 씩씩하게 잘 자라서 노란색 꽃을 피우고 살랑살랑 바람에 흔들거렸다.

수능이라는 고지를 눈앞에 둔 내 또래 학생들이 독서실에서 공부에 빠져 있을 때, 나는 초가을 바람에 흩날리는 잡초를 한참 동안 바라보며 여유로운 주말을 보냈다. 공부에 대한 회의감 때문에 개학한 뒤에도 공상에 빠지거나 멍한 상태로 앉아 있기를 반복하던 그때, '잡초도 열심히 살고 꽃을 피우기 위해 노력하는데, 난 왜 좌절하고 포기하려고만 할까?' 하는 생각이 서늘한 가을바람과 함께 마음속에서 요동치기 시작했다. '아, 나도 할 수 있을 거야.' 앞뜰에서 꽃을 피우고 무럭무럭 자라는 잡초처럼 나의 마음도 자라고 있었다.

한동안 장난삼아 잡초에게 말도 걸어 보고 다른 화초들에게 하듯이 물도 주며 사랑을 쏟았는데, 어느 날 갑작스런 폭우로 인해 꽃은 떨어지고 줄기는 배배 꼬이다 볼품없이 옆으로 누워 버렸다. 잡초는 가난하게 살다 갔다. 아무 이름도 남기지 못한 채, 남길 이름도 없이 그렇게 살다 갔다. 잡초도 본능적으로 자신의 고향을 그리워했을 것이다. 하늘은 푸르고, 맑은 냇물이 흐르고, 우거진 숲에서 새들이 둥지를 틀고 있는 아득한 그곳. 잡초는 제 고향으로 돌아갔다.

나는 줄기가 꺾여 고개를 숙인 잡초를 보며 문득 생각에 잠겼다. 잡초처럼 가난하게 살아가는 이들을 보고 과연 형편없는 삶을 살았다고 단정할 수 있을까? 세속적인 가치 기준으로만 평가할 수 있을까? 남이 제 이름을 불러 주면 그때 비로소 자기 존재를 인정받고, 불러 주지 않으면 인정받지 못하는 하찮은 존재라는 것은 어디까지나 자의적 판단일 뿐이다. 자신의 기준으로 남을 잴 수도 없고, 남의 기준으로 자신을 잴 필요도 없다. 자신의 삶의 의미나 존재 가치는 남이 이름을 불러 주고 정가표를 붙여 규정하는 것이 아니다.

우리 집 앞뜰의 잡초 역시 비록 다른 사람들에게는 천대받았지만 나에게는 갈피를 잡지 못하고 방황하는 마음을 잡아 준 가치 있는 존재였다. 이름 없이 살다 간 잡초가 자신의 고향으로, 한 줌 흙으로 돌아갔듯이 언젠가는 나도 그렇게 한 줌 흙으로 돌아갈 것이 분명하다. 그러므로 나 역시 의미 있는 존재가 되기 위해서, 내가 죽고 난 다음에도 썩지 않을 무엇인가를 찾는 데 게을리해서는 안 되겠다는 생각이 든다.

여름 나기

이명정

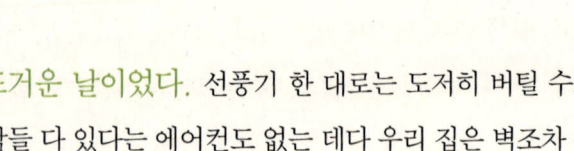

너무 뜨거운 날이었다. 선풍기 한 대로는 도저히 버틸 수가 없었다. 남들 다 있다는 에어컨도 없는 데다 우리 집은 벽조차 콘크리트 벽돌에 시멘트를 바른 것이라서 이중 보온 밥솥보다 더 열이 안 빠졌다.

나는 방학이라 딱히 갈 곳도 없고, 가족들도 각자의 일을 보러 나가서 혼자 더위와 싸우고 있었다. 털털거리는 선풍기를 무기로 한 나의 대항은 길고 지루하기만 했다. 그런데 선풍기 날개가 팽팽 돌아가던 소리가 조금씩 작아지더니 침묵과 더위가 나의 몸을 잔인하게 짓눌렀다. 설마, 하며 고개를 돌렸는데 설마가 사람 잡는다고, 나의 마지막 희망이었던 선풍기가 결국 생을 마감했다. 설상가상으로 한낮이 되자 햇볕은 더욱 매섭게 내리쬐었다.

갈수록 목이 타고 숨이 막혀 왔다. 축 처진 몸을 겨우 일으켜 부엌으로 가서 시원한 물 한 잔을 마셨다. 정신을 차려 보려고 했으나, 몽롱한 정신은 돌아올 기미가 보이지 않았다.

물컵을 들고 밖을 바라보니, 3주 전 새끼를 낳은 우리 집 개가 커다란 선풍기 옆에서 나른하게 자고 있는 모습이 보였다. 아마도 개들이 더울까 봐 아빠가 틀어 준 것 같았다. 그리고 새끼 때문에 날카로워진 어미에게 혼난 발바리가 눈치를 보며 저만치에서 쭈그리고 앉아 있었다. 개도 쐬는 선풍기 바람을 사람인 내가 못 쐬니 울컥 짜증이 났다. 나는 곧장 달려가 개 옆에 쭈그리고 앉아서 선풍기를 내 쪽으로 돌렸다. 어미는 자느라 내가 온 줄도 모르다가 숨 막히는 더위에 슬쩍 눈을 떴다. 차마 주인이라 짖거나 물지는 못했지만, 선풍기 바람이 아쉬운 듯 어미 개는 입맛만 다시며 새끼들을 살폈다.

이쯤 되자 나는 조금 미안해져 수돗가에서 물 한 바가지를 퍼다 주었다. 어미는 몇 모금 마시더니 콧등으로 물바가지를 새끼들에게 밀어 주었다. 서늘한 기운이 느껴지자 새끼들은 꼼지락거리며 바가지에 다가가서 발을 담그고 첨벙거렸다. 그걸 보고 있으니 떠오르는 추억이 있었다.

어릴 적에 우리 집에서 동네 쪽으로 걸어가다 보면 작은 다리 하나가 있었는데, 지금은 물도 없고 잡초만 무성하지만 그때는 새우도 살 만큼 물이 맑고 깨끗했다. 비가 내린 뒤에는 물이 더욱 맑아서 엄마는 빨래를 하고 나는 머리를 감으려고 갔었다. 그때 느꼈던 시원함이 생각나 나는 선풍기를 개들에게 넘겨주고 수돗가로 달려갔다. 수도를 틀어 보니 뜨거운 물이 콸콸 쏟아졌고, 한참 후에야 얼음처럼 시원한 물이 나왔다. 나는 대야에 찬물을 가득 담아서 묶은 머리를 풀고 물에 담갔다. 혹시 너무 차갑지는 않을까 했던 생각이 땀과 함께 물속에서 시원하게 씻겨 내려갔다. 찡그렸던 표정도 같이 씻겨 갔다. 엉덩이를 들고 머리를 감는 모습이 매우 웃길 것 같았지만 더위는 금세 저 멀리 달아났다.

　허리를 더욱 숙여 머리를 물속으로 깊이 담그자 다리 사이로, 정말 구름 한 점 없는 투명하고 푸른 하늘이 보였다. 한 폭의 그림이나 다름없었다. 선풍기도 에어컨도 없었지만, 나는 자연의 선물로 세상에서 가장 즐겁게 그리고 가장 시원하게 더위를 이겨 냈다.

부엉이를 부탁해

장은영

초등학교 3학년 무렵, 아직 어리기만 한 나의 잠자리는 언제나 엄마의 옆자리였다. 해가 일찍 넘어가서 금세 어두워진 초저녁에 나는 잠이 들었다. 먹물을 머금은 하늘 위로 밝은 달이 서서히 지고 있을 때, 나는 몸을 뒤척이며 달콤한 잠에서 깨어났다. 화장실이 가고 싶었다.

'아, 나가기 싫은데……'

집 구조의 특성상, 마당을 가로질러서 가야 하는 화장실은 내가 가장 가기 싫어하는 곳이었다. 하지만 어쩌겠는가, 나가는 수밖에. 나는 발꿈치를 슬며시 들고 도둑고양이처럼 살금살금, 깊은 잠에 빠진 엄마의 옆자리에서 벗어나 문을 열고 밖으로 나갔다. 신발을 신고 밖으로 나가서 마당에 커다랗게 자리 잡은 전각에 있는 스위치를 누르기 위해 발꿈치를 들고 발가락을 꼿꼿이 세웠다. 그리고 짧은 팔을 스위치를 향해 쭈욱 뻗었다.

"왜 이렇게 안 닿는 거야!"

그러다 '타악' 하는 소리와 함께 아빠의 농기구 창고 처마 끝에 달려 있던 백열등이 주황빛을 내며 마당을 비췄다.
"아, 켜졌다!"
조그마한 나의 목소리는 커다랗게 헤엄이라도 치듯 사방으로 건너갔다. 백열등 불빛에 마당은 너무나도 넓어 보였다. 덜컥 겁이 났다. 도저히 가고 싶은 마음이 들지 않았다. '화장실에 가다 부엉이가 나를 잡아가면 어쩌지?' 하는 두려움 때문에 화장실을 향해 조심스레 발걸음을 옮겼다. 남몰래 담을 넘어 들어온 도둑처럼 사방을 살피면서 뒷산을 보니, 얼마 전 아빠가 나에게 해 주었던 이야기가 생각났다.
"네가 태어나기 전에, 아빠가 지금 증조할머니 산소 위쪽에 있는 닭장에서 닭을 키웠어. 그런데 큰 부엉이가 날개를 활짝 펼치고 날아와서 밤마다 닭을 잡아가는 거야. 그래서 아빠가 덫을 놓아서 잡았는데, 정말 크더라. 근데 옛날에는 부엉이가 어린아이도 잡아 갔대. 그래서 죽은 애들도 있다더라."
나는 부엉이에 대한 두려움 때문에 천 근같이 무겁게 느껴지는 다리를 움직여 화장실 앞에 겨우 도착했다. 화장실 쪽으로 다가가자 우리 집 지킴이 검둥이가 잠에서 깨어나 나를 알아보고는 꼬리를 살랑살랑 흔들기 시작했다. '그래도 검둥이가 있으니까…….' 하며 내가 화장실 문을 잡은 그 순간, "부우엉." 하고 뒷산에서 커다란 울음소리가 들려왔다. 나는 깜짝 놀라 화장실 안으로 급히 들어갔다. 빨리 볼일을 보고 나가야겠다는 생각이 들어서 서두르는

데, 또다시 커다란 울음소리가 들려왔다. '저 부엉이가 날 잡아가는 거 아냐?' 두려움에 떨며 볼일을 마친 나는 화장실 문을 닫고 밖으로 나왔다. '아, 큰일 났다!' 이번에는 방으로 돌아가는 길이 문제였다. '빨리 뛰어가면 부엉이도 날 잡아가지 못할 거야!' 나는 부엉이가 있다는 뒷산으로 슬쩍 눈을 돌렸다. 뒷산에서 빛나는 두 개의 눈동자. 나는 겁에 질려 방으로 마구 뛰어갔다. 방문을 열었을 때, 나는 안도의 숨을 쉬었다. 숨을 고르고 나서는 차가운 바람을 옷자락에 감고 방으로 들어왔다. 이불을 덮고 누운 나는 '다시는 밤에 화장실 가지 말아야지!' 다짐을 하며 잠에 빠져들었다.

고2 여름방학 때, 난 부엉이에 대한 추억이 남아 있는 우리 옛집을 찾았다. 내가 어릴 적 뛰어놀던 대청마루에 앉아 낡은 집을 둘러보았다. 아빠한테 자전거 타기를 배웠던 넓은 마당, 아빠의 나무와 꽃이 있는 내가 가장 좋아했던 조그마한 정원, 아직도 맛있는 과일 냄새가 배어 있는 정자, 나보다 나이가 많은 석류나무, 옹기종기 모여 있는 장독 가족, 그리고 담 너머로 보이는 뒷산. 모든 것이 그대로였다. 하지만 단 하나, 사라진 것이 있었다. 어릴 적 나를 공포에 몰아넣었던 뒷산의 부엉이. 그 부엉이는 어디로 사라졌을까?

한 방송사의 자연 다큐멘터리 프로그램에서 야생동물을 다룬 적이 있었다. 날개에 총알이 박혀 날지 못하게 되어 버린 부엉이와 올빼미, 아예 다리가 부러진 너구리, 다리가 잘린 독수리, 먹을 것이 없어 마을로 내려왔다가 잡혀서 죽었거나 갈 곳을 잃어버린 많은 야생동물들. 그중에서도 나의 눈에 띄었던 것은 바로 나를 가장 두려움에 떨게 만들었던 부엉이다. 무섭기만 했던 부엉이가 새장 안에 갇혀 있었다. 붕대를 감고 그 커다란 날개를 펴지 못한 채 갇혀 있는 부엉이에게서 어릴 때 나를 무서움에 떨게 했던 모습은 찾아볼 수 없었다. 그때 나는 문득 생각하게 되었다. 동물들이 저렇게 하나 둘 상처를 입고 이 세상에서 사라지게 된다면 세상은 과연 어떻게 될까?

어린 시절 추억을 되새겨 보면 주위에는 항상 자연이라는 커다란 배경이 있었다. 깨끗한 물속에서 자란 다슬기를 친구와 함께 잡아서 삶아 먹던 추억, 엄마가 잡아 준 메뚜기를 병 안에 집어넣고 괴롭혔던 추억, 가을이면 하늘을 수놓듯 가득 메운 잠자리를 보며 뛰어놀았던 추억들은 이제 정말, 말 그대로 추억으로만 남았다. 자연이 상처를 입자 내가 두려워한 부엉이도, 맛있는 다슬기도, 아름다운 잠자리 가족들도 어디론가 모두 사라져 버렸다.

과다한 농약 사용으로 오염된 이 땅, 매연으로 푸른빛을 잃어버린 하늘, 잿빛으로 변해 가는 산과 들, 인간의 무한한 욕심으로 제 모습을 잃어 가는 세상 위로 검은 연기를 내뿜는 공장들만 가득 차 우리는 이제 아름다운 자연을 볼 수가 없다. 사라져 간 야생동물들, 상처받은 꽃과 나무들, 공장 연기로 가득 찬 이 세상에서 '제2의 부엉이'는 야생동물에게만 해당되지는 않을 것이다. 그리고 언제까지 인간이 제2의 부엉이가 되지 않을 거라고 우리는 믿을 수 있을 것인가.

아직도 나는 어릴 적에 보았던 그 아름다운 자연을 다시 보고 싶은 '욕심'을 버리지 않고 있다. 그러기 위해서는 아름다운 자연을 그리워하는 사람들과 이 땅 위에 터전을 잡고 살아가야 할 많은 사람들이 작은 힘을 모아 사라져 가는 부엉이들을 되살리기 위한 노력을 시작할 수밖에 없을 것이라고 생각한다. 나는 나와 함께 이 땅 위에서 살아갈 푸른 새싹들에게 이렇게 인사하고 싶다.
"안녕, 부엉이를 부탁해."

행복한 숙제

이소현

　여느 때보다 무더운 여름날이었다. 아빠는 저 멀리서 한창 배를 따고 계셨다. 지난해 하루도 거르지 않고 돌본 아빠의 작은 과수원의 나무들은 어느덧 무성히 자라 그 결실을 맺고 있었다. 아빠는 여름방학이라 하루 종일 집에만 있던 내가 못마땅했는지 일이라도 도우라며 나를 불러내 배 상자를 옮기거나 배를 포장하는 일을 맡기셨다.
　처음으로 해 보는 농사일은 생각보다 힘들었다. 나무의 잔가지라도 부러질까 봐 매번 허리를 숙이며 배 상자를 날라야 했고, 손톱 때문에 배에 상처라도 날까 봐 조심조심 포장을 해야 했다. 그런데도 실수로 배에 상처라도 내면 아빠는 짜증 섞인 표정으로 화를 내셨다. 나는 배보다 못한 취급을 받는다는 생각에 덩달아 화가 나기도 하고, 한편으로는 아빠에게 섭섭했다.
　등이며 얼굴이며 할 것 없이 온몸이 땀에 젖을 만큼 덥고 힘들었던 작업은 해 질 무렵이 돼서야 끝이 났다. 아빠는 도와주시러 온 아주머니들에게 감사하다는 인사를 하며 이야기를 나누기에 바빴고, 나는 안중에도 없는 듯 보였다. 그 모습을 멀찍이 떨어져 지켜보고 있으니, 순간 섭섭함이 밀려와 눈물이 흘렀다. 자꾸만 흘러나오는 섭섭한 감정들을 몰래 훔치고 있을 때, 어느새 다가온 아빠는 말없이 내 등을 쓸어 주셨다.

아빠의 커다란 손을 통해 전해져 오는 온기를 느끼며 어느 정도 마음이 진정되자, 아빠는 발밑의 흙을 한 움큼 쥐고서 나에게 내미셨다. 어리둥절하여 말없이 그 흙을 건네받고 가만히 보고 있으려니, 아빠가 입을 여셨다.

"이 흙은 아빠한테는 너같이 소중한 거다. 아빠가 몇 년 동안 고생해서 키운 배나무들도 이 흙이 없었다면 얻지 못했을 거야. 이 흙 속에는 거름도 있겠지만, 배나무가 잘 자라도록 했던 아빠의 노력과 희망, 오늘 네가 흘린 땀과 눈물도 다 들어 있을 거야. 봐라, 너는 이 흙의 소중함을 알고 있었니?"

나는 아빠의 물음에 아무 대답도 할 수 없었다. 손 안에서는 흙의 까끌까끌한 감촉만이 느껴질 뿐이었다. 아빠는 내 대답을 기대했던 건 아니셨는지, 잠시 후 다시 말을 이으셨다.

"아빠는 네가 이 흙처럼 어떤 사람에게는 희망이 되고, 또 어떤 사람에게는 슬픔을 따뜻하게 감싸 주는 친구 같은 존재가 되었으면 좋겠다. 아빠가 오늘 너를 불러낸 건 네가 이 흙을 네 손으로 직접 만져 보고, 이런 작은 흙 알갱이 하나하나에서 많은 것을 얻어 가길 바랐기 때문이야. 앞으로 살아가면서 힘든 일이 있을 때마다 오늘 보고, 만지고, 느낀 이 흙을 생각하면서 흙처럼 살아갔으면 좋겠다."

아빠는 그 말을 끝으로 조용히 자리에서 일어나셨다. 나는 한동안 그 자리에 서서 가만히 내 손에 쥐어진 흙을 바라보았다. 지난 몇 시간 동안 있었던 일들과 아빠의 말이 모래알 하나하나에 비춰 보이는 듯했다.

대수롭게 여기지 않았던 흙이 달라 보이기 시작한 건 그때부터였다. 길을 걷다 가로수 밑의 흙을 보면서도, 학교 운동장의 흙을 보면서도 나는 아빠의 말을 떠올렸다. 그것들은 모양도, 색깔도 제각기 달랐지만 만져 보면 똑같았다. 흙이란 건 변함이 없었다. 있는 듯 없는 듯하면서도 항상 내 곁에 있었던 흙의 존재를 나는 지금껏 깨닫지 못하고 무심히 지나쳐 왔던 것이다.

까끌까끌한 흙의 감촉 뒤에는 부드러움이 감춰져 있었다. 손 안 가득 남아 있는 그 부드러움을 느끼게 되었을 때, 그제야 나는 '아, 이게 흙이란 거구나!' 하고 알 수 있었다. 한낱 알갱이에 불과한 흙이 새 생명을 틔우고 희망이 되기도 하는 것은 부드러움이 있었기에 가능한 일이었다. 마치 엄격하면서도 한없이 따뜻한 엄마의 품처럼, 거칠면서도 온기가 가득했던 아빠의 손처럼 흙에는 세상 가장 밑바닥에 있으면서도 세상 모든 것을 포근히 감싸 안는 사랑이 있었다. 흙이 되라던 아빠의 말씀은 따뜻한 사랑을 품고 있었고, 나에게는 또 하나의 숙제로 다가왔다. 그 숙제가 언제 끝날지 알 수는 없지만, 초등학생 때 숙제장 끝에 선생님께서 찍어 주시던

'참 잘했어요.' 도장을 받았을 때처럼 기분 좋고 행복한 숙제가 될 것이라는 것만은 느낄 수 있었다.

　매일 밤, 집으로 향하는 흙 길을 밟을 때면 아빠와 함께했던 올여름의 마지막 날 내게로 살며시 불어왔던 바람을 느낀다. 흙 내음 가득했던 그 바람을…….

꽃과 술의 상관관계

이은실

　어느 일요일에 있었던 일이다. 갑자기 딸기 우유가 마시고 싶어 가게에 다녀오는 길에 날씨가 너무 좋아서 잠시 아파트 앞 화단을 구경하게 되었다. 봄을 맞아 활짝 피어난 장미꽃과 풀밭의 보랏빛 제비꽃, 수돗가의 하얀 고추 꽃과 빨간 알맹이가 보였다. 그러나 가장 눈에 띄는 것은 바로 목련이었는데, 며칠 전부터 아버지께서 목련 꽃이 피었다고 계속해서 말씀해 주셔서 그런 듯했다. 목련 꽃을 보며 집에 가는 길에 여러 생각을 하다가 어떤 사람이 해 준 이야기가 떠올랐다.

　옛날에 술을 좋아하던 한 노인이 신기하게 생긴 술병을 우연한 기회로 사게 되었다. 배불뚝이 술꾼이 커다란 술 주머니를 들고 있는 모양의 술병으로, 노인은 풍류를 느낄 수 있다며 이를 자주 이용했다. 그런데 그 술병은 도깨비 술병으로, 밤늦게 노인이 즐겁게 술을 마시자 도깨비도 흥이 나서 슬그머니 밖으로 나와 앉았다. 노인은 도깨비를 보고 놀라기는커녕 허허 웃으며 술잔에 술을 따라서 건네주었다. 이렇게 술친구가 된 노인과 도깨비는 서로 주거니 받거니 했다. 그러나 어느 날, 노인이 노환으로 죽고 나서 유품을 정리하던 중에 도깨비의 술잔이 깨져 버렸다. 그 후로 술을 마시지 못하게 된 도깨비의 우는 소리가 밤마다 들렸다. 우연히 울음소리를 듣게 된 한 소년이 호기심을 이기지 못하고 도깨비를 찾아가 사연을 묻자, 도깨비는 그간의 일을 소상히 들려주었다. 이야기를 듣고 나서 소년은 커다랗고 오목한 목련 꽃잎에 술을 따라 주었고, 도깨비는 이를 마시더니 사라져 버렸다. 그 후로 도깨비 우는 소리는 들리지 않았다고 한다.

  나는 이 이야기를 듣고 꽃과 술이 잘 어울린다는 생각을 했다. 아직 술을 마셔 보지 않아서 잘 모르지만, 확실히 꽃구경을 하며 마시는 딸기 우유가 방에 콕 박혀 마시는 딸기 우유보다 더 맛있게 느껴진다. 사실 나는 술과 꽃을 같이 생각하면 꽃밭에서 풍류를 즐기는 술꾼보다 부모님이 먼저 생각난다. 아버지께서는 작지 않은 키에 근육이 많아 언뜻 보면 순박하면서도 투박한 느낌이 드는데, 희대의 애주가로 술만 보면 눈이 슬금슬금 돌아가곤 하신다. 가끔 술을 가득 모아 둔 부엌의 술 창고를 바라보면서 흐뭇한 미소를 지으시는 아버지를 바라보면 아버지에게 술은 내가 좋아하는 '새우깡'이나 '감자 칩' 같은 것이 아닐까 하는 생각이 든다.

  어머니께서는 조경학을 전공하셔서 꽃을 잘 기르시며 식물에 관심이 많으신데, 정확한 나이 판별이 어려운 미모의 여성이다. 어머니께서 가꾸신 꽃을 보며 아버지께서 "마치 당신 같군." 하실 정도이다. 나도 이에 동감하므로 '술은 아버지, 꽃은 어머니'라는 생각이 자연스럽게 먼저 든다.

언젠가 어머니께서 "네 아버지는 젊었을 때, 혈기가 왕성한 분이었다."라고 말씀하셨다. 내가 현재의 아버지에게서 그런 모습을 찾지 못해 어리둥절한 표정을 지으면 어머니께서는, "지금은 다 날 만나서……."라고 말씀하신다. 이것이 바로 술이 꽃을 만나 부드러워지듯이 우리 부모님이 서로 잘 어울린다는 증거가 아닐까? 앞에서 말한 술과 목련의 이야기에다 술과 꽃이 잘 어울린다는 증거로 우리 부모님의 이야기를 보탠다.

이맘때면 우리 아파트 화단에는 내가 아는 꽃부터 모르는 꽃까지, 여러 종류의 꽃이 활짝 피어나기 시작한다. 어머니와 함께 밖에 나갔다가 돌아올 때면 나는 항상 내가 모르는 꽃들의 이름을 어머니께 여쭤 보곤 한다. 며칠 전에도 꽃 이름 몇 가지를 여쭤 보았다. 그리고 작년에 들었던 꽃 이름 하나를 말했는데 글쎄, 그새 다른 꽃을 옮겨 심었는지 작년까지는 기생초였던 것이 어느 사이에 앵두나무가 되어 있었다. 어쨌든 잠시 그 앞에 서서 코를 킁킁대며 그 연한 향기를 맡았는데 향기가 그렇게 좋을 수 없었다. 어머니께서는 꽃향기에 취해 해롱대는 나를 이끌며, "아파트보다도 시골의 작은 집에서 꽃이나 심고 사는 게 더 좋겠다."라고 말씀하셨는데, 그 순간 나는 정말로 동감했다. 그런 곳에서는 흰 우유를 마셔도 딸기 우유가 되지 않을까 하는 생각이 들었다.

얼마 전, 수능이 끝나면 홀가분하게 술이나 마시자고 친구에게 말한 적이 있다. 친구는 "벌써 술?" 하고 놀렸지만, 내 머릿속에서는 술과 고기를 싸 들고 꽃이 가득 핀 곳으로 떠나야겠다는 생각이 벌써 무럭무럭 자라고 있다. 어쩌면 이 기운이 앞으로도 계속되어 어른이 되었을 때, 커다란 정원이 딸린 작은 집을 사서 꽃나무를 그득 심고, 작은 정자를 지어 장미를 보면서 와인을 마시고, 목련과 앵두나무를 보면서 청주를 마실지도 모르겠다.

마인드맵을 활용한 수필 창작 수업

글쓰기 공부의 즐거움

배창환

1. 수필 쓰기 수업을 위한 준비

수필은 글쓴이의 삶과 철학이 잘 드러나는 1인칭 문학이다. 생활 속에서 직간접적으로 체험하면서 보고, 듣고, 느낀 점을 형상화하는 것이 수필인데 일기나 편지, 각종 감상문(독서·연극·영화·뮤지컬 등), 기행문과 같은 수필은 초등학생 때부터 써 볼 기회가 있었을 것이다. 하지만 일기와 편지는 지극히 사적(私的)인 내용이라 공개하기 어렵고, 감상문이나 기행문은 특정 작품이나 체험에 대한 반응을 담고 있어서 체험한 내용을 공유한 다음에야 공감이 가능하기 때문에 보편성을 띠기에는 한계가 있다.

그래서 글쓰기 교육을 할 때 주목하게 되는 수필은 생활글이다. 생활글 쓰기는 자신의 일상적 삶을 소재로 삼아, 사색을 통해 의미를 부여하고 문학적으로 형상화하는 과정을 거친다. 따라서 학생들의 사고력과 관찰력, 언어 능력을 키우고 문학적 감성을 섬세하게 단련하는 데 퍽 유용한 활동이다.

하지만 내가 김천여고에 와서 가장 먼저 시작한 것은 시 쓰기와 독후감 쓰기였다. 시와 독후감 쓰기 활동이 갖는 여러 장점 때문이기도 했지만, 수필(생활글) 쓰기를 뒤로 미뤄 둘 수밖에 없었던 주된 이유는 아이들에게 읽힐 만한 모범적인 학생 작품을 구하기 힘들었기 때문이다. 학생이 직접 쓴 글과 기성 작가가 쓴 글은 관심사와 체험한 내용, 글의 수준 등이 많이 다르기 때문에 기성 수필가의 작품을 읽기 자료로 삼게 되면 학생들의 흥미가 떨어지게 된다. 뿐만 아니라 글을 쓸 때도 아이들이 어른들의 글을 흉내 내게 되어, 자신을 발견하고 표현해 내기 위한 글쓰기 공부 본래의 취지에서도 벗어난다는 생각이 들었다.

그래서 학생들의 좋은 수필을 얻기 위해서 2년여 동안 준비하면서 기다려야만 했다. 학교 안팎의 문예 공모 행사 등에서 얻은 좋은 작품을 모아 학생들에게 나눠 주기도 하고, 교지나 학교 홈페이지 같은 데 실어 그 글들을 읽고 학생들이 문리(文理)에 눈을 뜰 수 있도록 했다. 그렇게 해서 마침내 〈엄마의 김밥〉, 〈전자시계〉, 〈글쓰기의 지겨움〉, 〈징소리〉, 〈도레미송〉 등 10여 편의 좋은 글을 얻게 되었다. 그제야 비로소 아이들과 함께할 수필 쓰기 공부에 자신이 생겼고, 다음 해부터 정식으로 수행평가 항목에 넣어서 수필 쓰기 수업을 시작할 수 있었다. 그러므로 이 작품들은 나의 수필 쓰기 수업의 '씨앗'인 셈이다.

2. 쓰기 전 활동 – 수업 시간에 수필 읽기, 좋은 글 골라 감상 쓰기, 예쁜 꽃을 그려서 글쓴이에게 편지 쓰기

글쓰기는 모방에서 시작한다. '유(有)에서 새로운 유(有)를 창조하는 것'이 예술 창작의 본령이기 때문이다. 좋을 글을 읽고 모방하는 가운데 스스로 발견한 삶의 지혜와 느낌을 문학적으로 형상화하는 것이 문학 수업의 과정이라면, 수필 쓰기도 예외는 아니다. 누구나 한 번쯤 겪어 봤을 만한 일을 소재로 다룬 좋은 글을 보여 주면, 아이들은 "나도 이런 글을 쓸 수 있으면 좋겠다."라거나 "나도 이런 글을 써 보고 싶다."라는 반응을 보인다. 물론 처음에는 많은 학생들이 글쓰기를 부담스러워 한다. 생활 속에서 글 쓰는 습관이 배어 있지 않은 아이들에게는 글쓰기 자체가 귀찮고 지겨울 뿐만 아니라, 입시에 대한 중압감 때문에 시간 낭비라고 여겨지기 때문이다. 하지만 왜 글을 읽고 써야 하는지 차근차근 설명하고 동의를 구하면 학생들도 곧 고개를 끄덕이게 된다.

학생들에게 수필 쓰기를 지도하면서 가장 먼저 시작한 것은 모범적인 학생 수필을 프린트해서 나눠 주고 수업 시간에 읽는 일이었다. 교지나 작품집을 활용하면 더 좋았겠지만 처음에는 여건상 그렇게 할 수밖에 없었다. 학생들이 두어 시간 마음 편하게 글을 읽고 작품에 몰입하면서 공감하고 감동을 받는다면 일단 읽기 수업은 성공이라고 할 수 있다. 그리고 수업 시간에 다 읽지 못한 글은 방과 후에 학생 스스로 읽게 했다.

다음으로는 읽은 글 중에서 인상 깊었던 글을 세 편 골라 감상을 써 보도록 했다. 학생들이 기록할 수 있는 양식을 프린트해서 나눠 주고 빈칸

에 생각과 느낌을 다섯 줄 이상 자유롭게 쓰도록 했다. 이 감상 쓰기는 사실상 수필 쓰기의 시작이라고 할 수 있다. 어떤 아이들은 빈칸을 다 채우고 여백도 모자라 뒷면까지 그득 채워 오기도 했다.

〈수필을 읽고 감상 쓰기〉

이어서 학생들이 받은 감동을 좀 더 구체화하고 한 편의 짧은 글로 완성해 보는 심화 과정으로서 예쁜 꽃을 그려서 글쓴이에게 편지를 쓰도록 했다. 수업을 하던 때가 마침 봄이어서 학교에 제비꽃을 비롯한 야생초들이 많이 피어 있었다. 이들을 무심히 지나치지 않고 관찰하는 것도 좋은 체험 학습이 될 터였다. 또한 해마다 한 시간씩 학교 주변에 있는 꽃동산에서 야외 수업을 하곤 했는데, 학생들은 꽃과 야생초의 사진을 찍거나 스케치로 남기기도 했다. 수필이 이미 마음에 닿았기 때문인지, 아이들은 편지 쓰기 활동을 곧잘 해냈다. 그리고 이렇게 쓴 꽃 편지들을 실제로 글을 쓴 선배들에게 전달하고, 어떤 학생은 답장을 받기도 했다.

〈수필을 읽고 글을 쓴 선배에게 보낸 꽃 편지와 답장〉

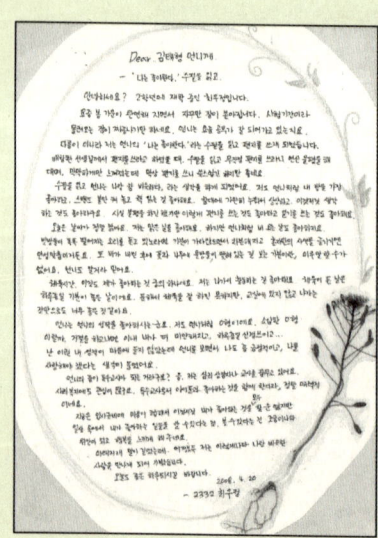 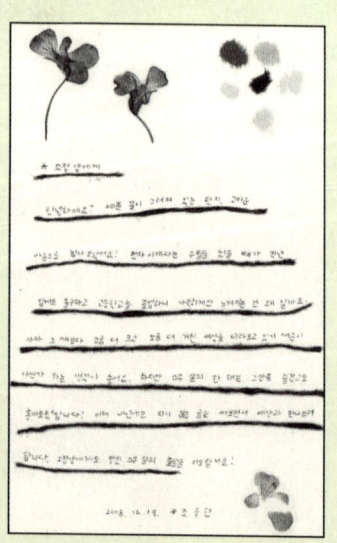

3. 마인드맵(mind-map)으로 시작하다 – 평가 기준 정하기, 글감과 주제 정하기, 낙서하기와 마인드맵 그리기, 쓰기, 고치기

수필 쓰기를 수행평가에 포함시킨 이상 평가 기준을 먼저 정해 두지 않을 수 없었다. 평가 기준으로는 주제의 형상화를 가장 강조했고, 소재와 표현의 참신성, 문단 나누기 등을 포함시켰다.

- 수필 읽고 감상 쓰기(5점) / 마인드맵 그리기(5점)
- 수필 20점
  - 주제의 형상화(10점) / 소재와 표현의 참신성(5점) / 문단 나누기와 첫 자 들여쓰기(5점)
  - 띄어쓰기와 맞춤법이 지나치게 많이 틀린 경우 감점(1~2점)

글쓰기에 들어가면 글감과 주제를 정하는 것이 가장 먼저 할 일이다. 글감이 될 만한 것들을 열거해 보면 우선 나 자신과 가족, 이웃 등과 관련된 것들이 있다.

- 가장 기억에 남아 있는 일, 큰 영향을 미친 사람이나 사건
- 가족과 이웃, 마을을 비롯한 공동체의 삶, 사람과 사회에 대한 애정 어린 생각이나 느낌
- 그리운 사람, 자신을 떠나지 않는 어떤 생각
- 일상(집, 학교)에서 느낀 점이나 새롭게 발견한 점

나아가 좀 더 범위를 확대해, 열린 마음으로 사회와 대화할 수 있는 소재들도 좋은 글감이다.

- 자연과 환경, 생태에 대한 새로운 발견
- 자신이 평소에 생각해 온 사회의 문제점, 고쳐 나가야 할 현실 또는 의식(물질 중심적인 가치 추구, 사회적 불평등과 양극화, 이산가족 문제와 통일, 외국인 노동자에 대한 차별과 인권 문제 등)

이런 내용을 구체적으로 제시해 주면 학생들이 글감과 주제를 정하는 데 중요한 지침이 될 수 있다.

글감과 주제가 정해지면 마음껏 낙서를 하면서 구상을 풍부히 하도록 하는 한편, 마인드맵을 그리게 했다. 마인드맵은 A4 용지(또는 B4 용지)를 옆으로 넓게 펴서 한 모퉁이에 글감과 주제를 몇 줄로 적고 시작하게 했는데, 중심 이미지를 중심으로 2~4개 정도의 큰 가지(글의 뼈대)를 그리고, 거기에다 잔가지(글의 피와 살)를 많이 치게 해서 다양한 연상을 끌어냈다.

마인드맵이 충분하다 싶으면 교사가 한 번 더 확인한 후에 글쓰기를 시작하게 하는데, 풍부하게 전개된 마인드맵 중에서 실제로 글에 쓰일 내용을 뽑아 몇 문장으로 글의 얼개를 짜 볼 필요가 있다. 머리말, 본문, 맺음말을 쓰고, 그 단계마다 몇 개의 의미 단락을 정해서 글 전체의 뼈대와 줄거리를 구성하게 한다. 하지만 마인드맵이나 얼개대로 글을 쓸 필요는 없으며, 쓰는 과정에서 얼마든지 새로운 내용을 첨가하고 바꿀

〈마인드맵의 예〉

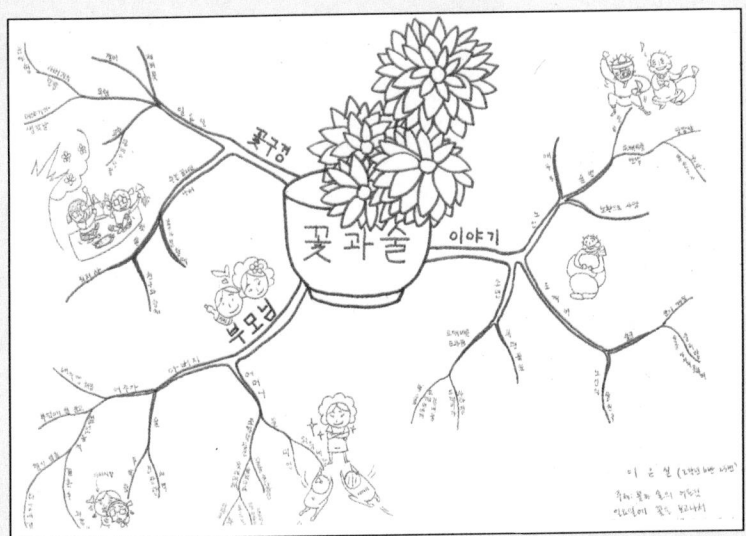

이은실, 〈꽃과 술의 상관관계〉

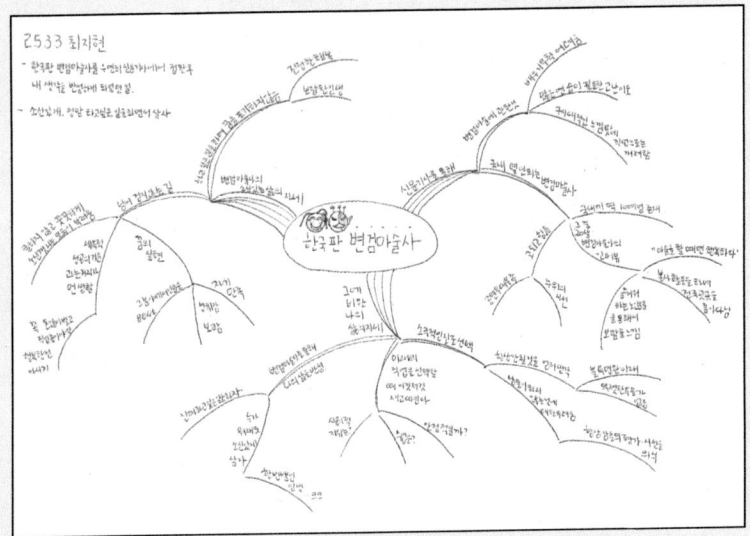

최지현, 〈변검 마술사〉

수 있다. 글을 쓰기 전에, 학생들이 이미 다른 사람들의 수필을 읽으며 문리를 터득했을 것이므로 이론이나 방법을 길게 나열할 필요는 없었다. 그러나 몇 가지 중요한 점을 일러두어 좋은 글을 쓰는 데 도움이 되도록 했다.

먼저, 감정과 목소리의 강약을 조절해서 담담하게 쓸 것, 그리고 문장은 간결할수록 힘이 있으니 너무 길거나 복잡하게 쓰지 않도록 이야기해 두었다. 또한 글을 쓰는 데 가장 중요한 것은 주제인데, 주제가 없는 글은 죽은 글이며 주제가 있더라도 잘 형상화하지 못한 글은 감동을 줄 수 없다는 것을 강조했다. 글 안에는 자신의 경험이나 사물 또는 사회 현상에 대한 새로운 발견이나 깨달음, 느낌을 꼭 담아야 하며 그 예를 이미 읽은 수필에서 찾아보게 했다.

글의 시작 부분에서는 긴장감을 주고, 흥미를 유발할 수 있도록 장광설을 늘어놓기보다 핵심으로 바로 들어가도록 했다. 문단은 너무 길지 않도록 적절히 나누고, 문단의 첫 어절은 반드시 들여 써야 한다는 것과 시제와 존대법에 따른 호응에도 유의해야 한다는 것을 일러두었다. 그리고 맺음말 부분에서는 "오늘부터는 어머니께 효도해야겠다고 생각했다."와 같은 도덕적인 결론이나 결심을 억지로 끌어내려고 하지 말고, 주제와 관련해 자연스럽게 여운을 남기면서 자신의 체험과 관찰한 내용에 철학적인 의미를 부여하는 과정을 거쳐야 폭넓은 공감을 얻을 수 있음을 몇몇 작품의 예를 들어 보여 주었다.

표현 면에서는 참신한 표현을 하려고 노력하되, 기교에 치중하거나 남의 글을 흉내 내서는 안 된다는 것을 일러두었다. 구체적인 생활 언어를 잘 활용하고, 대화에서는 구어체와 사투리를 그대로 살리도록 했다. 그리고 학생들이 즐겨 쓰는 "참 즐거웠던 것 같다."와 같은 애매한 표현이나 "~하는 나" 같은 표현은 쓰지 않도록 주의를 주었다. 상황을 치밀하게 그려야 느낌이 생생하게 전달될 수 있으므로 상황 묘사에 대해서도 강조했다. 제목은 제재를 그대로 가져올 수도 있지만, 주제를 암시하거나 흥미를 끌 수 있는 인상적인 제목도 붙여 보도록 했다.

4. 고치고 또 고치다 - 완성을 향한 각고의 노력

이렇게 글을 완성하고 나서는 자신이 쓴 글을 다시 읽어 보고 고칠 필요가 있다. 주제가 잘 형상화되었는지, 논리의 일관성이 있는지 살펴보고, 주제와 상관없는 문단이 있다면 전체적으로 손보거나 보완하게 했다. 또한 글의 흐름상 문장의 호응 관계는 적절한지, 지나치게 길어진 문장은 없는지, 수식어와 수식을 받는 말이 너무 멀리 놓이지 않았는지 등도 고려할 대상이다. 이때 필요 없는 부분은 과감하게 빼고 필요한 내용은 더해 어색한 부분을 바로잡고 문맥이 잘 이어지도록 했다. 그리고 잘못 쓰인 말, 반복되는 말은 빼거나 고쳐서 간결하고 산뜻한 표현을 얻도록 했다.

퇴고도 글쓰기의 중요한 과정임을 학생들에게 인식하게 하고 친구들끼리 서로 돌려 보며 조언을 구하는 과정도 거쳤다. 그렇게 몇 번의 수정을 통해 완성된 글은 마인드맵과 함께 제출하도록 했다.

5. 수필 쓰기의 즐거움

이 책에 실린 글들 중에는 〈글쓰기의 지겨움〉과 〈글쓰기에 대한 명상〉이라는 글이 있다. 두 편 다 글쓰기의 어려움에 대해서 말하고 있다. 글쓰기가 쉽지 않은 것은 사실이지만, 그렇다고 마냥 어려운 것만도 아니다. 평소에 책을 많이 읽고 세상과 인생, 글에 관심을 가지고 있는 사람이라면 누구나 좋은 글을 쓸 수 있다는 것을 나는 학생들과 수필 쓰기 공부를 하면서 줄곧 보아 왔다.

좋은 글을 받아 들면 진흙 속에서 진주를 캔 느낌뿐만 아니라, 글을 쓴 사람과 읽는 사람이 마음으로 의미 있는 대화를 나누고 있다는 행복감에 젖어든다. 각고의 노력을 통해 한 편의 글을 완성하는 것은 생각의 깊이를 더하고, 자신을 돌아볼 수 있는 소중한 기회이기도 하다. 그러므로 녹록지 않은 현실에 치여 글쓰기 수업을 포기하는 것은 올바른 교육이 아니며, 너무 많은 것을 잃는 것이기도 하다. 앞서 말한 두 학생이 쓴 글들도 자세히 보면 글쓰기를 힘들게 하는 현실의 어려움에 대해서 말한 것일 뿐, 글쓰기가 정말로 지겹고 어려워서 비명을 지른 것은 아니다. 오히려 자신의 내면을 찬찬히 들여다보면서 성찰하고 대화하는 기회로 삼고 있다는 점에서 '글쓰기에 대한 명상의 기록'이라고 해도 좋을 것이다.

학생들과 수필 쓰기 공부를 하면서 정작 힘든 쪽은 많은 글을 읽어 내야 하는 우리 교사들일지도 모른다. 하지만 이 공부는 그런 어려움을 기꺼이 감내해도 좋을 만큼 학생과 교사 모두에게 커다란 성취감과 기쁨을 안겨 준다. 그만큼 교육적으로 가치가 큰 활동이며, 그 방법 또한 그리 먼 곳에 있지 않다는 것이 나의 생각이다. 학생들의 진솔한 이야기를 담은 좋은 글 몇 편이 있으면 우리는 언제든지 수필 쓰기 공부를 즐겁게 시작할 수 있다.

어느 아마추어 천문가처럼
김천여고 학생들의 창작 수필집

엮은이 | 배창환

초판 1쇄 발행일 2009년 2월 27일
개정판 1쇄 발행일 2013년 3월 4일

발행인 | 김학원
경영인 | 이상용
편집주간 | 위원석
편집장 | 정미영 최세정 황서현
기획 | 문성환 나희영 임은선 박민영 박상경 최윤영 조은화 전두현 최인영 윤홍 정다이 이보람
디자인 | 김태형 임동렬 유주현 최영철 구현석
마케팅 | 이한주 하석진 김창규 이선희
저자·독자 서비스 | 조다영 함주미(humanist@humanistbooks.com)
스캔·출력 | 이희수 com.
용지 | 화인페이퍼
인쇄 | 천일문화사
제본 | 정민문화사

발행처 | (주)휴머니스트 출판그룹
출판등록 | 제313-2007-000007호(2007년 1월 5일)
주소 | (121-869) 서울시 마포구 연남동 564-40
전화 | 02-335-4422 팩스 | 02-334-3427
홈페이지 | www.humanistbooks.com

ⓒ 배창환, 2013

ISBN 978-89-5862-592-6 43810

이 도서의 국립중앙도서관 출판시도서목록(CIP)은 e-CIP 홈페이지(http://www.nl.go.kr/ecip)와 국가자료공동목록시스템(http://www.nl.go.kr/kolisnet)에서 이용하실 수 있습니다. (CIP제어번호: CIP2013000651)

만든 사람들

편집장 | 황서현
기획 | 문성환(msh2001@humanistbooks.com) 박민영
디자인 | 유주현

이 책을 저작권법에 따라 보호받는 저작물이므로 무단전재와 무단복제를 금합니다.
이 책의 전부 또는 일부를 이용하려면 반드시 저작권자와 (주)휴머니스트 출판그룹의 동의를 받아야 합니다.